COLEÇÃO
PENSADORES & EDUCAÇÃO

Platão & a Educação

Jayme Paviani

Platão & a Educação

autêntica

COPYRIGHT © 2008 BY JAYME PAVIANI

COORDENADOR DA COLEÇÃO
Alfredo Veiga-Neto

REVISÃO
Alexandre Vasconcelos de Melo

EDITORAÇÃO ELETRÔNICA
Conrado Esteves
Tales Leon de Marco

Todos os direitos reservados pela Autêntica Editora.
Nenhuma parte desta publicação poderá ser reproduzida,
seja por meios mecânicos, eletrônicos, seja via cópia
xerográfica, sem a autorização prévia da editora.

AUTÊNTICA
BELO HORIZONTE
Rua Aimorés, 981, 8º andar . Funcionários
30140-071 . Belo Horizonte . MG
Tel: (55 31) 3222 68 19
TELEVENDAS: 0800 283 13 22
www.autenticaeditora.com.br
e-mail: autentica@autenticaeditora.com.br

Dados Internacionais de Catalogação na Publicação (CIP)
(Câmara Brasileira do Livro)

Paviani, Jayme
 Platão & a Educação / Jayme Paviani. -- Belo Horizonte:
Autêntica , 2008. --

 Bibliografia
 ISBN: 978-85-7526-302-2

 1. Educação - filosofia 2. Educação e Estado 3. Platão I. Título.
II. Série

08-01906   CDD-184

 Índice para catálogo sistemático:
 1. Educação: Filosofia de Platão   184

Sumário

Apresentação	7
Quem foi Platão?	11
Como ler Platão hoje?	23
Diálogo, dialética e educação	29
A virtude ou excelência humana em educação	35
A educação em Atenas	39
A educação e o movimento sofista	43
Retornando à questão da virtude ou da excelência	47
A virtude pode ser ensinada? É possível a educação?	53
Conhecimento sensível *versus* inteligível	57
Educação ética e estética. A censura moral das artes	65
Educação e método: reminiscência e aprendizagem	71
A reforma educacional e os valores da sociedade	75
Retórica, dialética e educação	79
Eros, desejo e educação	83
Platão educador e empreendedor. A fundação da Academia	87
A educação e a alegoria da caverna	91
Comentários aos diálogos	99
Textos de Platão selecionados	109
Terminologia	119
Cronologia de Platão	123
Referências	125

APRESENTAÇÃO

Platão é um dos filósofos mais lidos da história ocidental. Todavia, isso não indica que seja o mais compreendido, pois algumas dificuldades naturais precisam ser vencidas para haver um entendimento adequado de seu pensamento. Dentre os obstáculos mais comuns, encontra-se a necessidade de enquadrar sua filosofia nos horizontes de visão do mundo e do homem próprios da Antiguidade grega. Sua concepção da educação do indivíduo, tendo como objetivo fundamental a formação do ser humano virtuoso ou, em outras palavras, a busca da excelência humana, o desenvolvimento dos valores que distinguem e aperfeiçoam o ser humano em relação aos animais, só pode ser compreendida a partir dos pressupostos das visões de mundo da cultura grega. A razão disso está no fato de a noção de excelência ou de virtude estar ligada aos dons naturais, ao conceito de natureza que, em suas características, implica a tendência de ser aperfeiçoada, dentro dos padrões específicos da hierarquia dos seres do universo.

A visão platônica do ser humano não é a mesma da modernidade. Para ele, alguns seres humanos estão destinados a comandar, e outros, a obedecer ou a exercer funções apenas complementares. Por isso, o leitor de Platão que desconhece o contexto social e histórico que moldura sua obra corre o risco de não entender adequadamente o sentido de sua proposta educativa.

Além disso, essa filosofia nasce, em grande parte, do escândalo da morte de Sócrates, surge da ruptura causada pelos ensinamentos socráticos e, portanto, necessita de referências histórias para melhor ser explicitada e compreendida sob os pontos de vista sistemático e histórico. Afinal, entre o mestre Sócrates, que nada escreveu, e o discípulo Platão, que deixou uma obra vasta e excepcional, entre a arte da oralidade e da escrita, entre a conduta das personalidades e os ensinamentos deles, situam-se o lugar e a função do discurso (*logos*) pedagógico e filosófico, na cidade (*polis*) e na sociedade.

O pressente livro sobre Platão e a educação tem origem no generoso convite do professor Alfredo Veiga-Neto, certamente incentivado por meu amigo, o professor Luiz Carlos Bombassaro. Aceitei o convite com grande prazer, pois escrever sobre o pensamento de Platão, na perspectiva da educação, atende aos meus interesses de pesquisa. Após ministrar uma dezena de cursos sobre os diálogos de Platão, no Programa de Pós-Graduação em Filosofia, da Pontifícia Universidade Católica do Rio Grande do Sul (PUCRS), na década de 90 do século passado, retornar aos textos de Platão é dar continuidade ao desafio de reatualizá-lo, de repensá-lo como uma das fontes inesgotáveis de idéias que sustentam nossa tradição científica, filosófica e cultural. Quanto mais um autor clássico é criticamente aprofundado tanto mais facetas novas ele revela.

O único senão que encontrei na elaboração deste livro foi a falta de tempo para poder me dedicar aos detalhes e ao aprimoramento da redação final. Apesar disso, acredito que as grandes linhas pedagógicas de Platão estão postas de modo introdutório e intencionalmente distribuídas de uma maneira circular. O plano de desenvolvimento do estudo, apesar de os títulos indicarem temas específicos, segue uma concepção sistêmica auto-referencial. Cada parte remete ao todo e, igualmente, às partes isoladas.

Esse procedimento tem origem nas características do pensamento platônico. É impossível entender a teoria da aprendizagem platônica, por exemplo, sem compreender o processo da maiêutica, e este sem interpretar o fenômeno da reminiscência. De igual maneira, não se entende a passagem da compreensão psicológica para o entendimento lógico ou a transposição da retórica para a dialética sem perceber as articulações entre as relações do conhecimento comum, da opinião verdadeira e da ciência. Finalmente, todos esses aspectos estão presentes na concepção da virtude como meta fundamental da educação e no questionamento da possibilidade de se ensinar ou não a virtude.

O leitor pode e deve conferir a autenticidade dessas reflexões a partir da leitura das vigorosas páginas dos diálogos de Platão e, igualmente, a partir do olhar crítico sobre a história da educação e da filosofia e sobre os argumentos e os problemas de nossa época. O leitor pode e deve também considerar o que é conceito gasto e repetido frente aos problemas educacionais de hoje e os conceitos que ainda continuam vigentes.

Cada texto é uma página de outros textos e uma ponte para o contexto de sua época e para o contexto atual. Cada texto é um elo da rede de sentido que a inteligência humana tem da vida e do mundo em que vivemos. Sem o espírito crítico que perpassa o pensamento original, isto é, que está nas origens, é impossível construir uma adequada compreensão do fenômeno da educação hoje. Por isso, o discurso pedagógico e científico atual, inaugurado nos primórdios de nossa civilização, pode ser retornado em suas fontes gregas. O retorno é um modo de redescobrir, debaixo do pó dos séculos e das tradições, aquilo que foi acumulado na história da humanidade e da educação. Assim, conhecer as origens é útil e necessário, especialmente para entender e para transformar a realidade que nos envolve, os problemas graves que nos desafiam, no Brasil, neste início do século XXI.

Neste livro, algumas repetições são intencionais. Elas servem para mostrar a articulação existente entre os conceitos fundamentais que sustentam o pensamento de Platão. O importante no estudo das relações entre Platão e a educação não é somente o que ele afirma de modo expresso sobre os temas pedagógicos, mas é o pensamento global do filósofo. É a filosofia na sua totalidade que influi e determina programas educacionais, e apenas comentários isolados ou específicos, de filósofos, sobre o assunto.

QUEM FOI PLATÃO?

Quando Sócrates foi condenado a beber cicuta, na primavera ateniense de 399 a.c., Platão, seu discípulo mais famoso, tinha entre 27 e 28 anos de idade. Havia acompanhado, durante longos anos, em companhia de outros jovens da aristocracia de Atenas, as lições do mestre. Mas, Platão não respeita Sócrates apenas como mestre, ele o considera "o mais justo dos homens". Ocorre que esse homem justo é condenado à morte por intrigas, invejas e mal-entendidos, por mais paradoxal que isso seja, pelos representantes reacionários da democracia. A morte de Sócrates, para alguns intérpretes, é um assassinato político. Platão assistiu ao processo, mas, por motivos de doença, não esteve presente na prisão nos momentos que antecedem sua morte, narrada de modo admirável no diálogo *Fedon*, nas suas últimas páginas, cheias de emoção e serenidade.

Assim, consideradas as circunstâncias históricas, Platão é, por excelência, o maior herdeiro da figura moral de Sócrates. Dentre os filósofos gregos, Platão é um dos poucos que nasce em Atenas, em 428 ou 427 a.C., em uma família aristocrática. Seu verdadeiro nome era Aristocles. Platão é apelido recebido por seu vigor físico ou por ter a fronte larga. Antes de ser atraído pela conduta de Sócrates, segundo o testemunho de Aristóteles, teve como professor Crátilo, ao qual dedica um diálogo com o mesmo nome. Orgulhava-se de ser descendente do grande legislador Sólon. Em 404 a 403 a.c., dois parentes seus, Cármides e Crítias, participaram do governo oligárquico. Apesar dessas ligações políticas, seu contato com a vida política foi decepcionante, especialmente devido à corrupção e aos métodos violentos postos em ação pelos governos. E, claro, a mais decepcionante de todas as decisões políticas vividas por ele foi a condenação de Sócrates à morte, no período da democracia.

Platão, depois da morte de Sócrates, afastou-se da militância política e realizou algumas viagens. Foi para Megara, em 399 a.c., com alguns outros socráticos, onde foi hóspede de Euclides. Também foi a Cirene, juntar-se a Teodoro, o matemático. Visitou, na Itália, os pitagóricos Filolau e Eurito. Viajou provavelmente ao Egito e à Ásia. Mais tarde, por três ocasiões, foi à Sicília, a Siracura, em viagens cheias de problemas, enfrentando até perigo de vida. Desejoso de conhecer as comunidades dos pitagóricos, também foi hóspede de Arquitas, conforme ele narra na *Carta Sétima*.

Platão realizou sua primeira viagem à Sicília, no momento em que completava 40 anos de idade. Convidado por Dionísio I, o Velho, uma espécie de tirano esclarecido, Platão de imediato decepcionou-se com os costumes e os atos da corte. Só encontrou conforto na amizade com Díon, cunhado de Dionísio I, jovem apaixonado pela filosofia. Porém, depois de um certo tempo, a presença de Platão foi considerada inoportuna e ele foi embarcado num navio espartano que fez escala na ilha de Egina, em guerra com Esparta. Lá, por motivos desconhecidos até hoje, sabe-se apenas que Platão foi vendido como escravo e salvo pelo rico Aniquiris.

Tendo morrido Dionísio I, seu filho Dionísio II, jovem de 30 anos e inexperiente, o sucedeu. Então Díon, seu tio, chamou novamente Platão, em 367 a.c., que, nesse intervalo, havia fundado a Academia e terminado de redigir a *República,* talvez o texto mais significativo de sua extensa obra. A nova oportunidade de pôr em prática algumas de suas idéias fez com que Platão novamente enfrentasse intrigas na corte. Assim, depois de seis anos, regressa a Atenas, onde possivelmente começa a escrever os importantes diálogos *Teeteto, Parmênides, Sofista, Político* e *Filebo.*

A terceira viagem de Platão a Siracusa, com 66 ou 67 anos de idade, em 361 a.c., por solicitação de Dionísio II que, tendo mudado de idéia, desejava novamente continuar seus estudos filosóficos, também acaba em desavenças e perseguições. Dessa vez, ele só consegue retornar a Atenas, graças às intervenções de Arquitas de Tarento.

Essas peripécias de Platão encontram-se descritas, num tom apologético, na *Carta Sétima,* que, aliás, pode também ser lida como uma espécie de manifesto político. Nela registram-se dados biográficos de Platão. Ele relata como surgiu sua vocação política e, ao mesmo tempo, suas desilusões diante da corrupção política dos governos de sua época. Fala de suas viagem à Sicília e da vida na corte. Registra, entre os fatos marcantes de sua vida, a condenação à morte de Sócrates, paradoxalmente por ter feito uso da liberdade da palavra no período da democracia. Todos esses registros nos permitem entender os motivos que levam Platão a criticar os governos democráticos.

Platão, na *Carta Sétima* (324 b; 325 a), escreve:

> Quando eu era jovem, tive o mesmo sentimento que muitos outros rapazes. Queria entrar para a política logo que pudesse dispor de mim mesmo. Ora, eis em que estado encontrei então os negócios da Cidade. O regime político existente era abominado por muitas pessoas; ocorreu uma revolução. Tomaram a frente desta 51 cidadãos e foram estabelecidos como chefes, onze na Cidade, dez no Pireu [...], mas trinta constituíram a autoridade superior e gozavam de um poder absoluto. Vários deles eram meus parentes e conhecidos [...]. Acreditava ingenuamente que eles administrariam a Cidade de tal modo que, arrancando o Estado a uma existência injusta, o conduziriam para o caminho da justiça; e observava ansiosamente o que eles iriam fazer. Ora, vi esses homens fazerem com que a ordem antiga parecesse uma idade de ouro. Entre outras coisas, quiseram que meu caro e velho amigo Sócrates, que não temo proclamar como o homem mais justo de seu tempo,

se juntasse a alguns outros, encarregados de procurar um cidadão e levá-lo à força para ser executado, com a finalidade evidente de fazer de Sócrates, quisesse ele ou não, cúmplice das suas ações. Mas Sócrates recusou-se a obedecer e preferiu correr os piores perigos a associar-se aos seus crimes.

Como vimos, Platão herda de Sócrates a prática da discussão, a arte de perguntar e de responder e, com o tempo, no progressivo amadurecimento de suas investigações, transforma esses procedimentos em método dialético. Nessa prática, Platão efetiva o ideal de moralidade socrática, do conhecer a si mesmo, redimensionando pedagogicamente todo o pensamento teórico e toda a ação. No modo de tratar muitos temas e problemas metafísicos, ele pode separar-se do mestre, mas jamais abandonará a influência da conduta moral e pedagógica de Sócrates.

Apologia de Sócrates

A vida de um filósofo, educador, escritor, como é o caso de Platão, é envolta por acontecimentos que merecem ser registrados, devido a seu caráter explicativo. Já mencionamos a relevância da figura ímpar e moral de Sócrates, que nada escreveu, e que, condenado à morte, perdeu igualmente a palavra. Mas Platão surge com a missão de devolver-lhe a palavra, tornando-o personagem central da maioria de seus diálogos. Em vista disso, até hoje, lendo os diálogos de Platão, nem sempre sabemos com nitidez, especialmente em relação às primeiras obras, o que é pensamento de Sócrates e o que é de Platão.

Essa dificuldade, todavia, não nos impede de imaginar e de pressupor alguns traços do Sócrates histórico, sem dúvida presente nos pequenos diálogos *Laques, Cármides, Lísis, Eutrífon* e na breve *Apologia*. Em todos esses textos, bastante acessíveis, Sócrates aparece no meio de seus concidadãos, cercado de jovens aristocratas, quase sempre em praças, ginásios, conversando sobre questões de interesse cotidiano dos atenienses.

Não sabemos com exatidão se a *Apologia* expressa ou não as palavras de Sócrates em sua defesa perante o tribunal que o condenou a tomar cicuta. Apesar disso, depreende-se do texto a figura de Sócrates por inteiro. Mesmo que as idéias desenvolvidas possam ser, em parte, de Platão, é o perfil de Sócrates que desta (quase) monografia transparece. Com certeza, Platão, o discípulo, diante dos acontecimentos recentes, não poderia ser totalmente arbitrário ao narrá-los. Também não importa se a *Apologia* apresenta um texto corrido, embora a defesa tenha sido talvez truncada, tumultuada. O relevante está no sentido das palavras e dos argumentos, nas respostas às acusações de Meleto – o representante dos poetas e de Anito –, o representante dos políticos.

Sem dúvida, é equivocada a lenda de que Sócrates se deixou condenar ou então que seu comportamento durante o julgamento foi de tal modo provocativo que os juízes não tiveram outra opção. O ponto central está no comportamento socrático que leva em consideração muito mais os princípios filosóficos do que seus interesses pessoais. Ele afirma perante os juízes, entre outras coisas, que nunca procurou ensinar os outros nem recebeu dinheiro em pagamento por essa pretensa prática. Indagado a respeito de sua ocupação e de onde vem sua fama, responde simplesmente que ele possui uma certa sabedoria, que lhe é própria e puramente humana. Parece soberba ou loucura, mas ele tem consciência de ser portador de uma mensagem que recebeu dos deuses.

Depois de mostrar que não tem medo da morte, que está sofrendo difamações gratuitas, que está sendo condenado pela audácia e desfaçatez de seus acusadores e, após ponderar que não é matando os que nos censuram que se elimina a possibilidade de surgirem novos censores dos costumes, enfim, de argumentar contra as calúnias e os equívocos dos acusadores, conclui a *Apologia* com as seguintes palavras: "Mas, está na hora de nos irmos: eu, para morrer; vós, para viver. A quem tocou a melhor parte, é o que nenhum de nós pode saber, exceto a divindade" (42 a).

A invenção do diálogo

Platão escreveu seus livros e neles deixou seu pensamento em forma de diálogo. A partir da experiência da conversação, com estilo próprio ele qualificou e elevou o diálogo ao nível de gênero literário. Os comentaristas unanimemente concordam que, entre todos os autores que escreveram diálogos, Platão é o único que, nesse gênero, conquista a perfeição. Algumas de suas páginas alcançam a expressão das mais altas manifestações literárias de todos os tempos.

Outra observação que merece registro é o fato de sua obra tão numerosa ter chegado inteira até nós. Trata-se de 35 diálogos, completados por uma coletânea de cartas e, ainda, acrescida de seis pequenos diálogos apócrifos.

Certamente não foi Platão que inventou a arte da conversação nem foi o primeiro a redigir diálogos. Hoje, podemos dizer, observando a história da humanidade, que o povo grego, entre outras produções que marcam nossa civilização, foi o que inventou o diálogo, a arte da troca de idéias, da conversação. Quem se ocupa com a formação das crianças e dos jovens, com as tramas da vida social e política não pode ignorar esse acontecimento tão relevante para a educação e, sem dúvida, muito significativo para a compreensão da concepção filosófica e pedagógica de Platão. Só a partir da prática do diálogo podemos entender uma série de outras manifestações, como, por exemplo, a arte da retórica e a democracia.

Os três eventos máximos da cultura grega – diálogo, retórica e democracia – estão nas raízes da civilização ocidental e fornecem as bases da modernidade. Inserido em sua sociedade, Platão soube lidar com as opiniões diferentes, com as idéias em estado de conflito e, assim, recriá-las e redimensioná-las dentro de parâmetros de uma visão própria em seus escritos. Soube especialmente, nos diálogos escritos, substituir os recursos retóricos pelos processos dialéticos e, desse modo, dar ênfase, ao mesmo tempo, ao debate de idéias e ao método de investigação. Preocupado eticamente com o bem-falar, criticou e superou o falar bem dos retóricos.

Além disso, o aristocrático Platão desconfiava das opiniões do povo. Em quase todos os textos, procurou suplantar o terreno das opiniões pelo domínio do conhecimento científico e dialético. Entretanto, ao seu modo peculiar, preocupou-se com a educação das multidões, com a maneira de alcançar a verdade e não apenas com a aquisição das *technai*, isto é, das técnicas dos discursos de aparência típicas dos sofistas. Mas, nesse ponto, é preciso ter cuidado, pois não é propriamente a retórica que ele condena, mas a falta de ética no uso da retórica. Nesse sentido, seus diálogos, bem escritos e escritos para mostrar o caminho do bem como ideal supremo, brilham pela força dos argumentos dialéticos. A beleza estética do texto submete-se à verdade. Ele sabe que os escritos podem cair no domínio público (*Carta Segunda*, 314 c) e serem portadores de ambigüidades. Por isso, adverte que todo texto é relativo, e que as grandes questões ultrapassam o escrito, necessitam do impulso da oralidade.

A história da invenção da escrita, que se encontra no *Fedro*, mostra a ambigüidade do escrito. Em resumo, a escrita é útil para instruir e para rememorar, mas também serve para despertar a simples lembrança e oferecer aos que estudam a aparência de saber. Na realidade, a escrita, como remédio, droga, tanto pode curar quanto pode matar (*Fedro*, 274, d, e; 275 a, b). Todavia, apesar dessas ressalvas, por mais paradoxal que possa parecer, os diálogos de Platão possuem a vivacidade dos organismos vivos e conservam o tom da oralidade. É essa oralidade, entre outras propriedades, que lhe dá força expressiva ou fornece vida ao pensamento.

A classificação dos diálogos de Platão

Os especialistas usam diversos critérios para classificar os diálogos de Platão. Dentre esses critérios, pode-se adotar o da ordem cronológica: diálogos da juventude, da maturidade e da velhice. Entretanto, para chegar a esse ordenamento, é preciso empregar ao menos o método da estilometria, isto é, do exame das particularidades de estilo, que permitem situar ou contextualizar a proximidade ou a distância de cada um dos diálogos em relação às *Leis*, considerada sua última obra.

Os especialistas, o que é natural, não chegam a um acordo sobre esse assunto. Os estudos técnicos de Lutoslawski, Ritter, Budé, Friedlaender, Wilamowitz, Stefani, Ross e de outros apresentam diferentes classificações dos diálogos platônicos. Por isso, feita a ressalva sobre a importância do exame técnico do ordenamento ou da classificação do conjunto dos diálogos, tendo em vista que este ensaio tem um caráter apenas introdutório, podemos adotar a classificação mais comum do conjunto da obra platônica:

a) diálogos da juventude: *Hipias Maior, Hipias Menor, Laques, Apologia de Sócrates, Íon, Alcibíades I, Alcibíades II, Criton, Eutidemos, Lísis, Cármides, Eutrífon, Ménon, Górgias, Protágoras, Clitofon*;

b) diálogos elaborados na maturidade, num primeiro grupo: *Menexêno, Crátilo, República, Fedro, Fedon, Banquete* e, num segundo grupo: *Teeteto, Parmênides, Sofista, Político*;

c) diálogos escritos em idade avançada: *Filebo, Timeu, Critias, Leis, Hiparco, Teages* e *Epinomis*.

Ainda, para atender o leitor mais atento, devemos explicar como a obra de Platão chegou até nós. Ela chegou por meio de manuscritos medievais. *O Parisinus*, do fim do século XI, encontra-se na Biblioteca Nacional de Paris. Também existe uma cópia, do fim dos séculos XI e XII, na Biblioteca de São Marcos em Veneza. *O Bodleianus*, de 895, está guardado na Biblioteca de Oxford. Há, também, papiros, um deles do século III a.C., descoberto no Egito.

Graças ao trabalho de tradução do grego por Marsílio Ficino, em 1483 e 1484, em Florença, recomendado por Cosme de Médici, no início da modernidade, tivemos acesso à obra completa de Platão. Depois, no decorrer dos séculos, aparecem diversas edições críticas e completas das obras platônicas. Os que desejam estudar com seriedade e detalhamento o pensamento de Platão, além de conhecer a língua grega, devem servir-se de edições críticas, de boas traduções, acompanhadas sempre de introduções, notas e comentários. As edições populares destinam-se apenas às leituras de divulgação cultural.

Um outro aspecto a ser considerado é o da recepção do pensamento de Platão. Há a tendência de considerar o conjunto das obras platônicas como um grande sistema ou primeiro sistema metafísico da tradição ocidental. Outros pontos de vista têm dúvidas sobre essa organicidade ou organização sistemática de sua obra e defendem a idéia de que cada diálogo de Platão pode ser considerado como uma espécie de projeto de pesquisa dentro de uma linha evolutiva. Neste ensaio, adotamos o ponto de vista daqueles que consideram os diálogos como projetos que investigam problemas específicos, mas que, no seu todo, observando-se um desenvolvimento natural, caracterizam-se pela coerência de pensamento.

Oralidade e escrita

Uma questão técnica e, ao mesmo tempo, polêmica da obra de Platão consiste em saber, a respeito de sua obra, se existe ou não uma doutrina platônica não escrita. Esse problema foi levantado pela escola Tübingen-Milão, a partir do fim da década de 50 do século passado. Inicialmente, a questão foi proposta por H. Krämer e K. Gaiser e, posteriormente, consolidada e divulgada por G. Reale.

Enquanto a maioria dos estudiosos afirma que a filosofia de Platão está inteiramente presente nos seus escritos e, em conseqüência, o problema de sua compreensão depende de interpretação do texto, outros especialistas afirmam que Platão não teria deixado por escrito seu pensamento mais avançado, pois ele acreditava que a escrita não tem as qualidades da oralidade para transmitir as verdades mais profundas. Em vista dessa crença, esses autores, a partir de alguns critérios, como o testemunho de Aristóteles, na *Metafísica*, e de algumas passagens de Platão no diálogo *Fedro* e na *Carta Sétima*, defendem a existência de uma doutrina platônica não escrita e que, portanto, precisa ser explicitada indiretamente.

Reale propõe uma interpretação do pensamento de Platão, por meio da teoria dos princípios, muito mais ampla do que a teoria das idéias ou formas. Trata-se do princípio do Uno e da Díade, do uno e do múltiplo. A Díade é o princípio da indeterminação do grande e do pequeno. Esses princípios encontrar-se-iam expressos por Aristóteles, na *Metafísica*, livro I, e seriam comprovados em diferentes passagens dos diálogos de Platão. Um dos exemplos dessas passagens encontra-se no diálogo *Fedro* (274 e 275), ocasião em que Platão expressa suas reservas em relação à escrita. Platão, na *Sétima Carta*, parece desaconselhar seu interlocutor a usar a escrita para comunicar as verdades mais profundas. Mas, esses textos implicam um contexto que delimita os objetivos, as intenções e a própria mensagem. E são esses aspectos que precisam ser considerados na análise e interpretação das passagens mencionadas. Trabattoni, em *Oralidade e escrita*, faz um balanço das perspectivas e dos problemas envolvidos na proposta das doutrinas orais confiadas à tradição, que pode esclarecer os interessados no aprofundamento dessa polêmica.

Neste livro, evitamos o exame dessa questão, pois ela não interfere diretamente nos objetivos e nos fins do presente estudo. Na realidade, as passagens mencionadas da *Metafísica* de Aristóteles, do *Fedro* e da *Sétima Carta* recebem dos comentaristas diferentes interpretações. O mais relevante da questão incide apenas na concepção pedagógica de Platão e consiste em saber se o pensamento platônico é dogmático, doutrinário ou se ele reconhece os limites do conhecimento humano. É mais provável que Platão, em suas restrições à escrita, tenha declarado que não desejava que certos aspectos da apresentação de seu pensamento tivessem sido definidos como pensamentos verdadeiramente seus. Apesar de ter escrito muitos diálogos, Platão afirma que a oralidade é a maneira mais adequada de expressar o próprio pensamento. Afinal, na perspectiva platônica, a compreensão da alma é muito mais decisiva para chegar à verdade do que o simples entendimento da escrita.

A vida e o pensamento

Os detalhes da vida de Platão, como de outros autores da Antiguidade, escapam-nos da compreensão, devido, entre outras causas, à distância no tempo. As fontes são poucas, e elas mesmas devem ser criticamente interpretadas. Alguns afirmam que Platão era um homem ascético, um místico. No entanto, em seus escritos percebemos, por exemplo, que ele não desdenha os prazeres verdadeiros. Além disso, considerando que Platão viveu 80 anos e escreveu numerosas obras, é natural que, no decurso da vida, tenha orientado seus objetivos com diferentes ênfases. Por isso, é difícil falar de um único Platão, de um pensador que se manifeste do mesmo modo na *República* e nas *Leis*, no *Fedon* e no *Timeu*. A pergunta: Quem foi Platão?, devido aos raros detalhes conhecidos de sua biografia, só pode ser respondida a partir de seus textos.

Não basta ler o escrito, também é relevante lê-lo nas entrelinhas. O cruzamento entre o texto e os contextos históricos pode oferecer pistas novas de compreensão e de interpretação. Partindo desses horizontes, a leitura da obra platônica permite-nos concluir que Platão elaborou um pensamento capaz de abstrair a experiência concreta, as contingências do cotidiano pessoal e público, em benefício da verdade.

Ainda, como idéia norteadora, ninguém pode ignorar que Platão foi o criador da metafísica, conhecimento que pretende explicar a totalidade de tudo quanto existe, o homem e o universo. Foi o criador de uma filosofia de dimensão pedagógica e de caráter profundamente ético.

Mas, Platão não foi apenas um teórico. Sua natureza é muito mais de um político do que de um homem apenas especulativo. Seu ideal intelectual está orientado para a ação. O que ele deseja é melhorar as leis, aperfeiçoar a legislação e, assim, propor a ordenação de um Estado ideal e uma adequada e verdadeira educação da juventude.

Como ler Platão hoje?

Platão possui a vocação de escritor e de professor. Quem observa o estilo e os processos dialéticos de seus textos, os procedimentos da pergunta e da resposta, não tem dúvidas sobre essas características marcantes do escritor e do professor. Por isso, e também por outros aspectos intrínsecos ao pensamento dos diálogos, ele nos oferece uma filosofia e uma pedagogia indissolúveis. Não se trata de duas dimensões arbitrariamente unidas, mas a unidade de uma face de múltiplos aspectos.

O objetivo principal de Platão é a formação ética e política do homem grego e da vida social na Cidade-Estado. Para ele, o cidadão e a *polis* formam-se e determinam-se conjuntamente. Assim, ele oferece, desde as origens do mundo ocidental, os princípios e as diretrizes de um projeto filosófico-pedagógico. Não um projeto pedagógico que deriva da filosofia, mas um projeto educacional identificado com a própria filosofia. Nele, a filosofia da educação não é uma disciplina à parte, semelhante às disciplinas atuais de filosofias disso ou daquilo; filosofia da cultura, da linguagem, da arte, etc. Sua filosofia é anterior a todas as distinções entre as disciplinas filosóficas e científicas. Sua filosofia é essencialmente pedagógica.

Outra característica fundamental do pensamento platônico consiste na valorização do filosofar e não do estudo escolar da filosofia. O filosofar é mais decisivo do que a filosofia. Platão não ensina filosofia, ele procura dialeticamente a verdade. A filosofia é matéria, o filosofar é forma, método. O filosofar implica desenvolver argumentos, conduzir processos dialéticos do conhecimento e, ainda, tomar decisões, definir condutas, estabelecer modos de viver, assumir visões do mundo.

No diálogo *Sofista*, Platão indaga quem é o filósofo, como esse se distingue do sofista e do político. Em que lugar – agora ou mais tarde – podemos encontrá-lo. Sua resposta é clara e ressoa até os dias de hoje. O filósofo ou o dialético é aquele que sabe dividir e reunir, examinar as partes sem perder de vista a totalidade. Dividir por gêneros e não tomar por outra, uma forma que é a mesma, nem pela mesma uma forma que é outra.

Platão, por meio do Estrangeiro, no *Sofista*, diz:

> Aquele que assim é capaz discerne, em olhar penetrante, uma forma única desdobrada em todos os sentidos, através de uma pluralidade de formas, das quais cada uma permanece distinta; e mais: uma pluralidade de formas diferentes umas das outras, envolvidas exteriormente por uma forma única repartida através da pluralidade de todos e ligada à unidade; finalmente, numerosas formas inteiramente isoladas e separadas; e assim sabe discernir, gêneros por gêneros, as associações que para cada um deles são possíveis ou impossíveis. (*Sofista*, 254, d, e)

Nessa passagem, o filósofo olha para a unidade sem perder de vista a multiplicidade, para os elementos sem descuidar do todo. Esse processo permite alcançar a verdadeira ciência, a dialética. Isso exige, em última instância, saber pensar em si, isto é, na identidade, mas por meio da diferença, ou seja, do outro. Quem tem essa capacidade pode governar, conduzir os outros, ensinar. Mas, esse aspecto mencionado é apenas um exemplo da importância do filosofar que implica habilidades e não apenas a posse de informações sobre isso ou aquilo.

Nessa situação, a pergunta: Como ler Platão hoje?, requer uma resposta objetiva. A leitura reatualizada dos diálogos de Platão tem como objetivo aprender a pensar filosoficamente a educação, aprender a conduzir os processos de conhecimento e os juízos articulados com os fins éticos da vida humana e da vida em sociedade. Portanto, a leitura de Platão não tem em vista a mera curiosidade ou a repetição erudita de seus conceitos fundamentais. Não é suficiente ler Platão motivados, por exemplo, pelo fato de ele considerar a educação um problema de Estado. Essa questão, como outras, pode ser considerada uma razão forte para lê-lo, mas não a razão principal. Não são os "conteúdos" de uma possível filosofia da educação que nos despertam o interesse pelo seu pensamento, porém, o modo de pensar filosófico que sustenta as investigações dos procedimentos pedagógicos. Além dos temas e dos problemas educacionais, sobressai-se o sentido que perpassa o esclarecimento dessas questões. Assim, saber que Platão afirma que o Estado deve orientar a ação educativa implica saber reconstruir os motivos e as circunstâncias sociais e históricas, as razões de tal afirmação.

A informação não é suficiente quando desejamos pensar filosoficamente a educação. Se tomarmos o exemplo da formação e da participação das mulheres no Estado ideal, como guardiãs em pé de igualdade com os homens, temos uma informação historicamente importante. Todavia, a informação por si só de que Platão, pela primeira vez na história, deu destaque social e político à mulher não revela os motivos nem o significado dessa ação pedagógica. A mulher guardiã pode freqüentar a escola. Essa é uma informação que qualquer estudioso da história da educação deve conhecer. Mas, somente uma análise do contexto da informação pode elucidar os objetivos e os fins do projeto educacional platônico. É preciso, por exemplo, levar em consideração o fato de Platão dar preferência às classes superiores, e que essa preferência social tem origem e fundamento no desenvolvimento pleno das partes que compõem a alma humana.

Platão propõe uma teoria da aprendizagem fundada no conhecimento que as almas imortais adquiriram antes de sua queda neste mundo. Por isso, o conhecimento depende de um processo de recordação à medida que as experiências sensíveis, por meio da educação, permitem despertar as idéias inteligíveis. Devido a esse complexo de elementos metafísicos, a educação proposta por Platão, que tem como característica básica a formação moral, depende de um estudo cuidadoso, analítico, crítico e reconstrutivo de sua filosofia.

Ainda podemos mencionar o fato de a dimensão pedagógica da obra de Platão constituir-se em uma evidente preocupação política. Os problemas do ensino da virtude, da busca da excelência humana, da formação das elites dirigentes são, ao mesmo tempo, um problema político. O filosófico, o político, o pedagógico em Platão formam uma unidade indissolúvel. Ele não cai, como ocorre conosco, na armadilha de separá-los. Para nós, as distinções, com o tempo, tornaram-se separações. Em conseqüência de toda uma tradição analítica, mal compreendida em sua finalidade, tratamos a educação separadamente dos demais fenômenos que constituem o núcleo básico ou as instituições fundamentais da sociedade. Quando esquecemos de investigar a natureza dos atos de ensinar e de aprender ou quando ignoramos a dimensão social e política da educação, temos a tendência de nos aproximar da educação apenas pelos aspectos externos. Nesse sentido, a leitura de Platão pode nos apontar o verdadeiro núcleo das questões educacionais.

Podemos ainda acrescentar um último comentário sobre os motivos atuais para ler Platão. Trata-se de uma constatação óbvia. É a enorme repercussão histórica de suas idéias no mundo ocidental, sua influência nas teorias e na prática da educação, bem como sobre a organização social. Cada época teve recepção específica do pensamento platônico. Por isso, diante dessa importância histórica de Platão, Karl Jaspers escreveu o seguinte: "Em Platão se encontram e dele provêm quase todos os temas da filosofia. Parece que nele a filosofia encontra seu fim e o seu começo. Tudo o que a precedeu parece servi-la, tudo o que se lhe segue parece comentá-la" (1963, p. 286).

A citação afirma que toda a filosofia posterior a Platão não passa de notas de rodapé aos seus textos. Isso quer dizer que Platão, de certo modo, propôs as questões fundamentais do conhecimento teórico, como a do uno e do múltiplo, do ser e do parecer, conhecimento comum e científico, do bem e do justo, dos possíveis métodos de investigação, da

PLATÃO & A EDUCAÇÃO

possibilidade ou impossibilidade da educação, etc. Essas questões, desdobradas em outras novas e desafiadoras, perduram até hoje como pressupostos da racionalidade teórica.

Platão é um clássico. Isso significa que podemos (devemos) lê-lo com a ajuda de comentadores. Porém, seria um grande equívoco ler apenas os comentadores sem entrar em contato com os textos platônicos. Seus diálogos encontramse em qualquer biblioteca escolar e até podem ser adquiridos em bancas de jornal. Qualquer livraria de porte médio oferece alguns diálogos de Platão. E já é possível encontrarem-se boas traduções, acompanhas de notas explicativas.

Os diálogos de Platão conservam uma certa oralidade e, por isso, são comunicativos. Podemos afirmar que a leitura de Platão é ao mesmo tempo fácil e difícil. Podemos lê-lo como se lê um texto literário, por prazer e curiosidade. Também podemos lê-lo com espírito crítico e interpretativo.

É preciso enfatizar, repetir que Platão não só expõe os argumentos, mas principalmente encena o sentido das questões. Em conseqüência disso, não podemos confundir, na leitura, os procedimentos e o método. Goldschmidt chama a atenção sobre os diferentes modos de investigação e de exposição que se encontram nos diálogos. Os procedimentos, diz ele, referem-se aos modos de investigação e de exposição e acrescenta: "O método dialético, longe de ser uno e uniformemente definível, admite muitas variações e, sobretudo, graus" (2002, p. IX).

Procuramos demonstrar a mesma tese no livro *Filosofia e método em Platão*, quando afirmamos: "A expressão processo dialético aponta um conjunto dinâmico de condutas cognitivas que implicam o estabelecimento de regras, uso de técnicas (habilidades aliadas aos conhecimentos) e definição de procedimentos que tornam viável, racional e coerente a argumentação" (PAVIANI, 2001, p. 12-13). E logo acrescentamos: "A dialética de Platão não é um método simples e linear, mas um conjunto de procedimentos, conhecimentos e comportamentos desenvolvidos sempre em relação a determinados problemas ou conteúdos filosóficos" (PAVIANI, 2001, p. 13).

Esses são apenas alguns caminhos para se chegar ao pensamento platônico. É óbvia a importância da leitura de Platão hoje, apesar de o acesso à compreensão de seus textos não ser tão evidente. Algumas informações históricas que mostrem as linhas gerais do pensamento pré-socrático, especialmente de seu mestre Sócrates e dos sofistas e dos acontecimentos do mundo social e político de Atenas daquela época, são absolutamente úteis. Alguma informação específica sobre cada texto, sua arquitetura, seus temas e problemas centrais, sua trama e personagens, etc. é também de grande utilidade para entendê-los da melhor maneira possível. De resto, o que importa é a disposição do leitor.

DIÁLOGO, DIALÉTICA E EDUCAÇÃO

Numa primeira aproximação à concepção de educação em Platão, é útil acenar para as relações entre o diálogo como gênero, os processos dialéticos efetivados no texto e o caráter educativo desses procedimentos, bem como os problemas especificamente educativos das questões examinadas.

O diálogo das ruas e dos tribunais não é o mesmo diálogo elaborado como gênero literário. A conversação, espontânea ou conduzida dentro das características da boa civilidade e da normalidade da vida social, possui características que o texto escrito dificilmente pode reconstruir. Pois, a oralidade funda a comunicação direta, o escrito consolida a expressão.

Também é preciso distinguir diálogo escrito de dialética. Nem todo diálogo desenvolve-se de modo dialético. O diálogo oral ou escrito é apenas uma das estratégias do pensamento dialético. O modo de ser dialético está no método ou, mais exatamente, nos processos metodológicos e na concepção da realidade explícita ou pressuposta nos problemas investigados.

Os diálogos escritos na juventude de Platão, conhecidos como diálogos socráticos, distinguem-se dos diálogos da maturidade. É possível caracterizá-los. Nos primeiros, predomina o modo de ser e de proceder do Sócrates histórico, e, nos segundos, transparece a dialética platônica em sua formulação mais densa e complexa. Mas não é fácil identificar o Sócrates histórico do Sócrates platônico, personagem dos diálogos da maturidade. Todavia, apesar das dificuldades, podemos descobrir e apontar traços específicos dos diálogos socráticos, isto é, escritos na juventude de Platão, e que investigavam a natureza das virtudes ou dos valores humanos e a possibilidade de ensiná-los, além dos traços peculiares dos demais diálogos platônicos que investigam problemas filosóficos mais amplos e específicos.

Os primeiros diálogos de Platão parecem refletir diretamente alguns problemas do contexto social e histórico. Um desses problemas consiste em saber qual o lugar do *logos* na cidade, pois os gregos, ao inventarem o diálogo e a democracia, a retórica e a lógica, não estão livres dos mal entendidos, dos discursos falsos. Platão, herdeiro de Sócrates, dá-se conta de que, entre o *logos*, a verdade e as coisas, o diálogo assume uma dimensão pedagógica admirável. A conversação desenvolve-se com perguntas e respostas. No processo de desenvolvimento das perguntas e das respostas, procede-se à refutação das teses e, finalmente, depois de se livrar dos erros ou equívocos, o diálogo quer alcançar a verdade.

Entretanto, a grande lição do diálogo está em permanecer inconcluso. É mais importante esclarecer os diversos aspectos ou elementos de um problema do que resolvê-lo. As questões propostas por Sócrates, embora investigadas em seus detalhes e, em certo sentido, esclarecidas, não caem na tentação de apresentar uma resposta. Nesse sentido, nos diálogos socráticos, a conclusão parece não ser importante. O diálogo termina com o convite para aprofundar o problema numa próxima ocasião. Disso, entre outras considerações, pode-se deduzir que Platão não pretende impor uma doutrina à semelhança dos sofistas. Platão, com Sócrates personagem, busca a definição das virtudes. Essa definição, que jamais é alcançada, tem como pressuposto a necessidade de *conhecer-se a si mesmo*. Quem não está de acordo consigo mesmo não pode ser feliz nem virtuoso.

O lado prazeroso e complexo da leitura dos diálogos provém de seu caráter de texto vivo, dramático. A forma do diálogo, aliada à agilidade e à profundidade de pensamento, aparece dentro de uma estrutura, às vezes, invisível. De

PLATÃO & A EDUCAÇÃO

fato, os diálogos, uns mais outros menos, possuem algumas peculiaridades arquitetônicas.

A cena inicial, a caracterização dos personagens com a participação direta ou indireta, encena o sentido das questões, fornecendo uma lição de método, de procedimentos, muito mais do que de conteúdos. Ensinam, antes de tudo, a necessidade de definir ou de esclarecer os termos ao debater as questões, nos argumentos e, igualmente, o quanto é fundamental saber o que não se sabe. Está aí toda uma teoria da aprendizagem, em suas linhas gerais, válida hoje e sempre.

Os diálogos, com seu caráter auto-referencial, constituem a inauguração de métodos ou processos de investigação. Os interlocutores movimentam-se dentro de pressupostos teóricos tais como a teoria da reminiscência, a maiêutica, a aceitação da existência da divisão da alma em partes da alma, etc., como é o caso dos diálogos *Ménon*, *Protágoras* e *República*. O leitor corre o perigo de só prestar atenção às palavras do personagem central Sócrates e, assim, esquecer as posições do outro lado, dos outros interlocutores. Nesse sentido, Koiré adverte que o leitor moderno não deve esquecer sua condição de leitor do diálogo e não a de interlocutor de Sócrates. Platão, através de Sócrates, muitas vezes ri ou faz pouco caso dos seus interlocutores, mas jamais troça de seus leitores (1963, p. 12).

Os diálogos, sendo dramas, poderiam ser representados num palco. Isso significa que as questões não são meras abstrações, mas questões concretas que se dirigem a um público, como ocorre com o professor numa sala de aula. Os textos não se bastam a si mesmos, requerem a compreensão do público, dos leitores. A forma de diálogo não é um simples artifício de exposição. Por isso, seu inacabamento não é defeito, mas qualidade literária e filosófica. O inacabamento exige do leitor uma atividade interior, pois a ciência não se impõe, segundo Platão, a partir de fora, mas tem origem na alma de cada um.

A questão central do *Ménon* é posta logo de início: A virtude ou a excelência humana pode ser ensinada ou não?

Dentre os personagens, Platão põe em cena um escravo anônimo. O debate ou a conversação se instala, as reações são diversas. O leitor, entre outras coisas, dá-se conta de que Ménon (personagem) não sabe pensar, não aprendeu a pensar. Ménon só aprendeu, de seu mestre Górgias, o discurso persuasivo, retórico. Ele não exerce a atividade de pensar. Para aprender a pensar é necessário desejar a verdade e não simplesmente persuadir os outros.

No *Protágoras*, ao contrário do *Ménon*, a questão da possibilidade de ensinar a virtude, enfim, de educar, é posta de modo explícito e radical. Protágoras (personagem) pretende ensinar a virtude, os valores da política. A tese de Protágoras, em termos atuais, tem um valor psicológico e sociológico, mas Sócrates questiona as relações entre a virtude e as virtudes, quer saber se são ou não diferentes. É preciso definir a virtude antes de afirmar as diferenças e a identidade entre as virtudes. Nas páginas finais do diálogo nada se conclui, pois é preciso saber se a virtude é ciência ou não, e se apenas podemos ensinar o que é ciência.

Nos diálogos da juventude, percebemos que Sócrates tem a habilidade de interromper os discursos e conduzir os interlocutores ao diálogo. Qualquer questão sobre a justiça, a coragem, a virtude, a beleza só pode ser resolvida se for possível defini-la. Portanto, o conflito entre as opiniões só alcança solução quando se possui um critério universal. E o diálogo é apenas condição para se chegar à verdade universal, isto é, à superação das oposições entre as opiniões.

Sócrates, o professor que não quer ser chamado de professor, é por excelência um interrogante. Ele, que tem como lema "conheça-se a si mesmo", fundado na busca da verdade interior, não possui certezas, menos ainda as certezas empíricas. O único objetivo de Sócrates é o de apontar o caminho.

As perguntas podem ser interpretadas como a busca do que é, a busca da essência de cada qualidade ou virtude, mas também podem ser entendidas como indagações sobre o que se deseja dizer usando esse e ou aquele termo. A pergunta socrática parece ser ao mesmo tempo lingüística e ontológica. Para quem deseja uma interpretação fiel dos textos de Platão, permanece a dúvida se, ao perguntar, ele busca esclarecer um conceito ou procura uma entidade imutável, eterna, *a priori.*

O essencial é a atitude de Sócrates. Ele inicia suas intervenções examinando as posições dos outros e não defendendo a sua tese. Antes de tudo, saber perguntar é saber perguntar porque sabe ouvir. Alicerçado na análise dos enunciados do interlocutor, tem condições objetivas de criticar sua tese, e o faz sempre pressupondo uma distinção entre opinião e ciência. O diálogo segue respeitando o interlocutor, embora às vezes abuse da ironia. Não emprega o processo de refutação em si, mas apenas o usa como estratégia para atingir a verdade. Seu objetivo é o de superar os conflitos morais e políticos da Cidade; ou seja, o objetivo consiste em alcançar o bem, a excelência, tendo como padrões de referência a ordem da natureza. Seu objetivo essencialmente é educacional. O uso do processo refutativo prioriza a busca da verdade e não a simples síntese dos opostos. A verdade é alcançada em si, como idéia objetiva, imutável, eterna e não pelo consenso de opiniões. A *arete,* ou virtude, é a meta do desenvolvimento de cada diálogo, isto é, a virtude é a última etapa, a grande síntese.

A VIRTUDE OU EXCELÊNCIA HUMANA EM EDUCAÇÃO

Insistimos que Platão tem como meta a educação moral. Essa afirmação não está errada; todavia, ela é incompleta e obscura. É incompleta porque não se enquadra no contexto social e histórico da educação de Atenas antiga, e é obscura porque é necessário explicar o sentido da expressão "educação moral".

Dentre os conceitos fundamentais que constituem a filosofia platônica, encontra-se o termo grego *arete,* que pode expressar a busca da excelência humana, a virtude, as qualidades, os valores de um indivíduo e dos cidadãos. O termo carrega em seu conceito uma enorme força semântica que explicita e sustenta o processo de formação da cultura grega, a qual pode ser expressa, com outro termo grego, um pouco mais conhecido, *paideia.* Por isso, traduzir *arete* como educação moral é muito pouco, deturpa a riqueza semântica do conceito.

Platão, nos diálogos *Ménon* e *Protágoras*, pergunta: A virtude, a excelência, a qualidade pode ou não pode ser ensinada? No diálogo *Protágoras*, ao desenvolver essa questão, enquanto o personagem Protágoras responde positivamente a essa indagação, Sócrates nega a possibilidade de se poder ensinar a *arete*. O debate segue cheio de sutilezas e contradições dialéticas. Os dois personagens apresentam argumentos consistentes; porém, a partir de premissas diferentes, que pressupõem saber se a virtude é ciência ou não.

A questão do ensino da virtude está estreitamente ligada a outras questões, e ela exige para seu esclarecimento, antes de tudo, uma definição de *arete*. As questões filosóficas que envolvem a compreensão e a possibilidade de se ensinar a *arete* estão também relacionadas aos problemas do uno e do múltiplo; às relações entre o mundo das idéias e o mundo do sensível, à passagem do conhecimento fundado na opinião para o conhecimento teórico. Dito de outro modo, o mapeamento dos elementos conceituais da *arete* é vasto e implica diferentes procedimentos dialéticos. Assim, todo aquele que deseja aprofundar a análise e interpretar a questão deve levar em conta, na medida do possível, a globalidade do pensamento platônico. O próprio Platão sentiu a necessidade de examinar a *arete* em diferentes diálogos, como *Protágoras, Górgias, Ménon, Banquete, Fedro, República* e *Leis*.

O objetivo fundamental da educação e do conhecimento filosófico platônico consiste em alcançar a excelência humana, os valores morais e políticos, próprios do aperfeiçoamento humano. Não se trata da educação moral, no sentido kantiano, que depende da liberdade, da boa vontade, isto é, da virtude da ação desinteressada. O pensamento de Platão e de toda a visão cosmológica grega define a virtude ou a excelência humana como um prolongamento da natureza, da ordem cósmica. O ser humano não é livre para responder à pergunta kantiana: O que devo fazer? A pergunta e a resposta desaparecem na ordem antiga de seguir a natureza. Em Platão, quando se trata da busca da excelência humana, ainda estamos mergulhados na natureza e não no mundo da vontade, como em Kant. Por isso, a formação moral da educação platônica possui características que a distinguem da formação cristã e filosófica dos autores modernos e contemporâneos.

Mesmo com essas ressalvas, a proposta educacional de Platão continua válida, e seu exame hoje é ainda necessário. Por isso, é possível e devemos, no sentido intelectual e moral, reatualizar a questão da *arete*. Essa reatualização consiste em indagar, de modo radical: É possível educar? A essa pergunta podemos acrescentar outra: O que se entende por educação? As duas perguntas podem substituir a tentativa de definir e a possibilidade de ensinar a *arete*. Porém, na realidade, a *arete* platônica, para nós, põe em questão a própria possibilidade de educar.

Na perspectiva de Platão, desde que se entenda a virtude em toda sua dimensão original, a pergunta que indaga pela essência da *arete* é a mesma pergunta que indaga pela possibilidade de formar e desenvolver moralmente o ser humano. Portanto, a possibilidade de tornar o ser humano virtuoso significa o mesmo que poder educá-lo.

Todavia, diante dessa questão, deve-se introduzir uma observação pontual. Enquanto hoje indagamos pela educação, deixando de lado ou esquecendo a dimensão moral, em Platão a educação é sinônimo de busca da *arete*, da educação vista como um processo essencialmente ético.

Todo sistema de idéias oferece uma lógica de conhecimentos, que pode ser identificada e examinada em si, e ainda transmitida de uma geração para outra. Porém, uma compreensão e uma interpretação adequadas dependem do ambiente histórico e cultural e de cada modalidade de recepção da filosofia na história. No caso específico de Platão, isso pode ser ilustrado com o fato de seu pensamento filosófico e pedagógico se caracterizar pela permanente relação entre o homem e a Cidade.

Prova disso é a história e o conceito de *paideia,* a qual se constitui no pano de fundo do projeto pedagógico platônico. Nesse sentido, é necessário recordar que Platão não entende ou contempla a natureza das coisas e as leis do universo físico do mesmo modo que os pré-socráticos, nem tem uma atitude relativista como os sofistas a respeito da existência humana. Embora em linhas gerais sua visão tenha origem na ordem do cosmo, ele compreende o ser humano como ser ético e político e vê a Cidade como uma extensão da família ou da tribo.

Nesse sentido, o projeto pedagógico de Platão assume um papel decisivo na formação da vida política na comunidade ideal. Há um paralelismo entre o desenvolvimento do indivíduo e o da sociedade. As virtudes ou os valores de cada um são as virtudes e os valores da coletividade. A educação é a condição real do Estado ideal.

A EDUCAÇÃO EM ATENAS

Para entender a proposta de educação de Platão, é necessário contextualizar suas idéias, e uma das maneiras de realizar esse objetivo é reconstruir o horizonte histórico e social de sua época, em especial de Atenas. Sem saber como se formou a sociedade ateniense, torna-se quase impossível dimensionarem-se a contribuição de sua filosofia e o significado de sua repercussão na história da educação da civilização ocidental. Nenhum projeto pedagógico pode ser avaliado fora do contexto sócio-histórico e deslocado de alguns de seus pressupostos.

A filosofia de Platão não surge de repente nem do nada. Ao contrário, ela sofre a influência de uma considerável tradição. O cenário é extenso e abrange diversos campos. Tem a influência imediata de Sócrates, dos sofistas e do contexto social e histórico de Atenas de sua época, com sua legislação, seus costumes e suas guerras. Platão conhece matemática, medicina, retórica. Conhece a organização educacional. Leu Homero e Hesíodo. Participa do debate político. Respeita o pensamento político e jurídico de Sólon. Critica a visão cosmológica dos pré-socráticos, como Parmênides e Heráclito. Não ignora os sábios de sua época, os poetas e os trágicos, como Ésquilo, Sófocles e Eurípides. Conhece as comédias de Aristófanes e os textos de Tucídides e outros. Atenas vive um apogeu cultural.

O contexto social e histórico é rico e complexo e não pode ser ignorado na leitura da obra de Platão e de outros autores, como Aristóteles. De fato, sem uma reflexão sobre o contexto de sua época, é impossível saber quais eram as expectativas de seus alunos e leitores. Infelizmente, as histórias gerais, da filosofia, da ciência, da arte, da religião, etc. são escritas de modo compartimentado e raramente nos fornecem uma visão de conjunto.

Por tudo isso, a filosofia de Platão, apresentada por comentaristas e historiadores, geralmente é divida em disciplinas como epistemologia, ontologia, ética, estética, psicologia, política, etc., que em nada favorece uma compreensão global de seu pensamento e muito menos nas suas relações com a sociedade da época. Dessa forma, nenhum texto filosófico é autônomo em relação ao contexto que o origina. A filosofia, como forma superior de cultura, como ideal a um tipo de homem, como meio para o ser humano atingir a excelência, só pode ser entendida em suas dimensões históricas, a partir da reconstrução do projeto educacional que a consolida.

As fontes históricas mais diretas que temos, para traçar alguns aspectos da educação antiga em Atenas, encontram-se no próprio Platão, no diálogo *Protágoras*. Nele, informa-se que a educação elementar, para crianças com idade entre 7 e 14 anos, consiste no ensino das letras, da educação física e da música. Trata-se, sem dúvida, de uma educação desenvolvida de modo flexível, sem a regulamentação de um sistema elaborado e rígido, possivelmente sob a inteira responsabilidade da iniciativa individual. Outra fonte de informações sobre a educação antiga ateniense pode ser encontrada em Aristófanes, na comédia *As nuvens*. A partir dela fica claro que o ensino deve ir além dos aspectos físicos e mentais, deve efetivamente alcançar a excelência moral.

Lendo com atenção os escritos de Xenofonte, de Aristófanes e especialmente de Platão, igualmente observando as entrelinhas, das passagens que às vezes nos parecem sem importância, surgem informações valiosas sobre a educação em Atenas. Ilustrando isso, no *Protágoras,* Platão informa que a educação recebida pela criança depende da vontade e da

PLATÃO & A EDUCAÇÃO

capacidade financeira da família para pagar essa escolaridade (326 c, d). Também informa que, quando a criança atinge a adolescência, não tem mais um acompanhamento escolar e, então, deve completar sua educação participando da experiência de vida na cidade. Quando as crianças saem da escola, a Cidade, escreve Platão, os obriga a aprender as leis e a tomá-las como paradigma de conduta, para que não se deixem levar pela fantasia e praticar qualquer coisa malfeita ou maldosa. Da mesma forma que procede o professor primário com os alunos que ainda não sabem escrever, traçando com seu estilete as letras e, depois, lhes pondo nas mãos a tábua, os obriga a escrever de acordo com o modelo apresentado: assim também prescreve leis a Cidade, inventadas por antigos e virtuosos legisladores, exigindo que governem e sejam governados por elas (*Protágoras*, 326 d).

Na comédia *As nuvens* de Aristófanes, o personagem Justo afirma que na educação antiga "não se ouvia um menino cochichar nem um 'a', depois, os moradores de um mesmo bairro andavam pelas ruas, bem disciplinados, indo à casa do professor de cítara, sem mantos, em fila, ainda que nevasse neve farinhenta" (960). Percebe-se nessa fala que a educação engloba as primeiras letras, a cargo do gramático, o estudo da poesia e da música e, finalmente, os exercícios físicos. Essas disciplinas deveriam transformar as crianças em cidadãos úteis e defensores da pátria. Parece, ainda pelas indicações, que havia um professor para cada tipo de estudo e que as famílias deveriam contratar e pagar os professores.

Os locais de estudo parecem ser diferentes para a educação física e para a música. A educação formal da criança em relação à educação física ocorria muito mais na *palaestra* do que nos *gymnasia*. As *palaestra* eram em geral propriedades privadas e os *gymnasia* eram edifícios, em número de três, em Atenas, durante o período clássico. Mas não se tem clareza sobre o uso antigo desses termos, pois parece que os *gymnasia* públicos tinham *palaestras* que poderiam ser privados ou públicos e servir para diversas atividades, incluindo as militares. Também havia o *Lyceum*, o *Cynosarges* e a *Academia*.

A educação foi profissionalizada com os sofistas. Na realidade, os sofistas, professores itinerantes, ensinavam nas casas particulares, em *palaestra*, em *gymnasia* ou em *stoas*. Também é importante observar que, nos séculos V e IV a.C., apesar das tentativas de Platão distinguir uns de outros, na sociedade ateniense não se tinha o costume de distinguir o sofista do filósofo. Quem tenta distingui-los é Platão, nos diálogos *Sofista* e *Político*. Parece, igualmente, que, naquela época, Sócrates era visto como um sofista, apesar de Platão e de Xenofonte apresentarem o ensino socrático como uma reação ao ensino dos sofistas.

Antes de Aristóteles retornar a Atenas, depois de abandonar a Academia e passar um tempo fora dela, e se associar ao *Lyceum*, no fim do século V e princípio do século IV a.C., o *Lyceum* era um importante centro de educação secundária em Atenas. As primeiras escolas permanentes de educação superior em Atenas foram criadas por nomes famosos, como Isócrates, Platão e Antístenes. Eram escolas voltadas para o estudo superior e, por isso, permanentes. Eram locais, nos quais quem tivesse condições de pagar podia obter educação além da elementar, apesar de não serem escolas reconhecidas e regulamentadas por lei. Essas escolas de filosofia, de retórica, de matemática, não tinham, portanto, credenciamento oficial.

De todas essas instituições, a única que permaneceu depois da morte do fundador foi a Academia de Platão, as demais desapareceram com a morte do mestre.

A EDUCAÇÃO E O MOVIMENTO SOFISTA

O movimento sofista revolucionou a educação em Atenas. Um grande número de professores, vindo de outras cidades da Grécia antiga, invadiu Atenas e introduziu, nos programas de estudo, outras idéias. Eles, por exemplo, não atribuíram mais tanta importância aos exercícios físicos.

Os sofistas, nos locais públicos, como os ginásios e até na casa dos aristocratas, onde se encontram jovens e idosos, em momentos de lazer e de exercícios físicos, descobriram pessoas dispostas a escutá-los. Desse modo, os sofistas profissionalizam a função de professor e começam a desenvolver o que poderíamos chamar hoje de educação superior. Basta ler os diálogos de Platão para perceber o público que os segue e saber que cobravam por suas lições.

Parece que Protágoras, entre os sofistas, foi o primeiro a exercer suas atividades de modo profissional. Foi também o primeiro a aceitar pagamento pelo seu ensino (*Protágoras*, 349 a). Tem-se ainda a informação de que existiam duas classes de alunos: os jovens de boa família, os quais pretendiam entrar na política e os outros que desejavam se tornar, por sua vez, sofistas (GUTHRIE, 1995, p. 400).

Sem dúvida, havia também entre os sofistas os enganadores, pois, não poucas vezes, Platão, especialmente, caçoa deles e os aponta como vendedores de bens para nutrir a alma. Parece certo que eles não gozavam da simpatia de Sócrates e de Platão nem dos políticos. O fato de não serem cidadãos atenienses talvez tenha contribuído com sua fama negativa.

Górgias, Protágoras e Hípias eram, na prática, educadores itinerantes e livres que provinham de diversas localidades da Grécia antiga e que atraíam para suas lições os jovens de famílias aristocráticas. Devido a sua atuação, são considerados, igualmente, os primeiros advogados de que temos notícia e criadores da retórica. Eles transmitiam ensinamentos sobre questões sociais e existenciais, com o objetivo de alcançar a *arete*, mediante pagamento. Suas teses e suas atitudes polêmicas, graças ao conhecimento, em grande parte negativo, que deles temos, através de Platão, não nos é permitido hoje ter deles uma idéia objetiva, despida de preconceitos. No entanto, não restam dúvidas de que sua contribuição na formação da juventude de Atenas foi decisiva.

Não é fácil definir o sofista. Platão tentou fazê-lo no diálogo do mesmo nome. Todavia, na época de Platão havia uma confusão entre sofista, político e filósofo. Era comum a opinião pública não distinguir com clareza esses três tipos de atividades. Isso, aliás, explica as dúvidas a respeito de Sócrates se ele era ou não considerado um sofista. Na perspectiva de Platão, Sócrates não é um sofista. Xenofonte pensa o mesmo. Para eles, Sócrates reage contra os sofistas, defendendo alguns pontos de vista e procedimentos da educação antiga.

Outra diferença entre Sócrates e os sofistas reside no fato de ele jamais ter recebido pagamento pelo ensino. Ele não criou nenhuma escola nem mesmo se considerava professor, embora sua influência espiritual tenha sido enorme e ele possa ser considerado um mestre da humanidade. Como Platão, Sócrates teve um grande número de seguidores. Embora não se tenha muita certeza sobre sua famosa adversão à educação institucionalizada, ele outorgou à tradição e à educação ocidental uma atitude de professor, um método de ensino.

A filosofia de Sócrates e de Platão apresenta-se como uma verdadeira proposta educacional, uma proposta nitidamente contrária aos ensinamentos retóricos dos sofistas. A diferença básica entre as duas propostas está no espírito crítico. Antes de Platão, a educação tradicional na Grécia antiga não é problematizada. Com Platão todo o sistema educacional é posto sob suspeita. Com a nova proposta platônica, educar não significa apenas transmitir os bons hábitos e costumes dos pais para os filhos, aprender música, praticar a ginástica, seguindo o que é considerado bom ou mau, conforme as normas sociais. Não basta que a alma e o corpo sejam formados pelo treinamento, pela imitação, pela memorização, pois as próprias leis têm caráter educacional. O ideal da educação é o bem, o justo, o verdadeiro. Assim, a tradição e os procedimentos sociais, considerados durante longo tempo critérios da educação, agora são questionados. Platão questiona a educação de seu tempo, propõe novas condições para se alcançar uma verdadeira educação. Para ele, definitivamente, existe uma boa e uma má educação.

Sofistas, como Protágoras, admitem que a busca da virtude ou da excelência moral e da política, transmitidas de geração em geração, estão na base de qualquer sociedade, apesar dessa posição ser relativista. Platão atribuiu uma maior complexidade ao ser humano e ao tecido social. Propõe, no caso específico da educação, procedimentos dialéticos, éticos e epistemológicos capazes de explicar as tensões entre o uno e o múltiplo, o sensível e o inteligível, as opiniões falsas e as verdadeiras.

Finalmente, estabelecidas as diferenças de projetos educacionais livres, a importância dos sofistas como professores, apesar da diversidade de assuntos que abordavam, está no desenvolvimento da retórica e na tematização de aspectos humanos e sociais da vida. A forte presença da filosofia de Platão não pode negar a importância da educação sofística. Pois, conjuntamente com a retórica, eles desenvolveram temas como o sentido das leis humanas frente às leis da natureza, o significado da verdade, da justiça, da igualdade social, da escravidão, do ser, do parecer, do persuadir, do convencer, da natureza do nome, do enunciado, das regras da gramática, das virtudes da beleza, da coragem, da piedade e de outros problemas, que fragmentos de suas obras, citações ou referências de autores gregos antigos dão testemunho.

Sem dúvida, a proposta educacional de Platão muito deve ao movimento sofista. Ele não inventou os problemas educacionais e políticos, fundamentalmente, deu-lhes uma nova orientação, agora de matriz dialética e eticamente voltados para o bem comum.

RETORNANDO À QUESTÃO DA VIRTUDE OU DA EXCELÊNCIA

A formação educacional e cultural do homem grego tem como ideal a virtude, os valores morais, a excelência humana. A *paideia* dos helênicos, como a *agoge* espartana, está vinculada ao ideal da *arete*. Mas, é preciso examinar o que isso significa, pois nosso conceito de virtude e de excelência possui implicações semânticas específicas. Além disso, o próprio ideal da *arete*, que provém dos gregos antigos, no sentido de ideal da virtude heróica, da nobreza que caracteriza o cavaleiro, e que está na origem do primeiro conceito de educação, é uma característica atribuída apenas aos seres humanos nobres e excelentes e não aos homens do vulgo, comuns. Portanto, a noção de *arete* apresenta variações de significado já na cultura da Grécia antiga.

Num sentido geral, a *arete* é a qualidade presente na tragédia, na comédia, na poesia, na música, nos esportes, na ginástica, na política, na filosofia, enfim, em todas as manifestações da vida virtuosa grega. A *arete* implica qualidade, virtude, excelência e, no sentido mais cotidiano e antigo: força, habilidade física e guerreira, ideal de educação, atributo da nobreza, fim do Estado. Embora a educação espartana tenha tido sempre um caráter militar, Platão, na *República*, espelha-se muito em seu modelo.

Em Atenas, com o advento da democracia, a educação, que era privilégio de aristocratas atenienses, estende-se a todos, especialmente sob a modalidade de esportes baseados no ideal homérico do valor. Todavia, agora, ela está presente não apenas na perspectiva da formação do guerreiro, mas do ser humano moral. Trata-se de uma educação voltada para o coletivo e não para o individual; orientada para a formação do cidadão, para a *polis*, o Estado.

É justamente nesse período da educação grega que os sofistas desempenham uma função relevante. São eles que alargam o conceito de educação, indo além da educação das crianças, abarcando a educação dos jovens e até dos adultos. Para eles, a educação envolve os aspectos físicos e espirituais da formação humana, embora o discurso retórico deles, na perspectiva de Platão e de outros, acabe pondo em crise a *paideia*, especialmente com seu discurso persuasivo e relativista e enfrentado por Sócrates com total denodo moral. A sofística, antes de ser uma doutrina, é um processo educacional e, antes de formar uma ciência pedagógica, é uma modalidade de educação integrada na formação moral e política.

Podemos perceber isso, nos primeiros diálogos de Platão, elaborados em torno da figura de Sócrates. Neles, podemos observar o início pedagógico do desenvolvimento da filosofia platônica e, também, acompanhar a intenção didática de sua investigação e, entre elas, uma das mais importantes, aquela que percorrerá uma grande parte de sua obra, como diz Jaeger, é a questão da natureza da *arete*, isto é, da excelência, da virtude.

Esses diálogos parecem investigar desordenadamente os conceitos de coragem, piedade, prudência, beleza, usando como método o diálogo ou a arte de perguntar e de responder. Esse método, ao inaugurar o procedimento dialógico, instaura o processo pedagógico. Sócrates conduz seu interlocutor a reconhecer as dificuldades inerentes às suas opiniões, para posteriormente deixar a questão em aberto. Não se trata, como vimos acima, de uma simples troca de perguntas e respostas, mas de um modo de manter em aberto a questão.

O próprio Sócrates afirma, em diversas ocasiões, que ele só sabe que nada sabe, que ele não pretende ensinar.

Por isso, resulta desse procedimento pedagógico o sentimento de que não se sabe o que é a coragem, a piedade, a virtude, etc. Esse aparente fracasso, no entanto, é a mais radical das lições, contém o ensinamento de que as condições epistemológicas do ensinar e do aprender, próprias do perguntar, são mais relevantes do que qualquer resposta. O diálogo e a arte de perguntar inauguram o processo metodológico ou dialético da educação, que tem como meta final alcançar a virtude ou a excelência da ação humana.

Apesar de os diálogos socráticos procurarem indagar, como é o caso do *Ménon*, o que é a *arete*, a virtude, a excelência, a natureza dela é determinada pela ciência, e o conhecimento reto, por sua vez, consiste no conhecimento do bem. Há, portanto, uma identificação da *arete* com a ciência. Todavia, agora temos o desafio de explicar o quê Platão entendia por ciência. Para ele, é o mais alto grau de conhecimento possível. Esse grau de conhecimento consiste na intuição inteligível do bem, das essências. Portanto, na medida em que as noções de *arete* e de ciência se explicam mutuamente, agrava-se a situação daqueles que traduzem o termo por virtude ou por valor, ou, ainda, por excelência, sem refletir e ponderar sobre seu significado antigo e atual, de um modo especial como objetivo educacional.

Mas, retornando à noção, no *Protágoras*, de *arete*, de virtude ou de excelência, podemos acrescentar uma informação relevante. A excelência é, ao mesmo tempo, sucesso individual e político, que ocorre nas esferas pessoais e coletivas, nas relações familiares, no modo de administrar os negócios e o Estado da melhor maneira (218 e, 219 a). A excelência está na expressão "na melhor maneira" e não no fato de fazer isso ou aquilo.

Platão, nos diálogos da juventude, parece que, ao longo dessas tentativas de investigação das virtudes, deseja alcançar o critério supremo da vida virtuosa e justa. Parece se concentrar numa preparação ético-pedagógica do seu projeto do Estado ideal e, desde já, demonstrar o papel da educação nessa tarefa. Trabalha nas condições necessárias para atingir objetivos expostos idealmente na *República* e praticamente nas *Leis.* Embora essa constatação possa ser verificada em toda obra de Platão, pois, desde a *Apologia,* está demonstrada com clareza a intenção de educar os cidadãos conforme a verdadeira *arete.*

Entre os sentidos de virtude ou de qualidade ligados à educação está o da educação política que envolve a moralidade. Os pré-socráticos não prestavam atenção à *arete,* pois eles se ocuparam com o mundo físico, com o cosmo. A *arete* passa a ser uma questão filosófica e pedagógica relevante somente a partir de Sócrates e dos sofistas. E, mais do que isso, a tentativa de definir uma a uma as virtudes, como diversas vezes mencionado, para alguns intérpretes, assume igualmente a tarefa de preparar a teoria das idéias ou das formas. Em outros termos, a hipostasiação das definições das virtudes culmina na teoria platônica das idéias. Isso, todavia, não deixa de ser também uma procura do *eidos* das espécies de *eretai,* com o objetivo de formar bons cidadãos. Poderíamos chamar esse processo de fundamentação metafísica do projeto educacional.

A investigação das idéias pode ser observada em diversas passagens dos escritos platônicos. No *Parmênides,* afirma: "Mas, dize-me: tu mesmo assim fizeste a divisão tal como falas: de um lado certas formas (idéias) mesmas, de outro as coisas que delas participam" (130 b). Na *República,* investiga especialmente as quatro virtudes: coragem, temperança, sabedoria e justiça (442 b, c, d), próprias do Estado ideal e, igualmente, correlatas às classes dos homens, segundo as divisões da alma. Platão, portanto, não aceita a educação fundada na tradição e nos costumes, mas propõe um programa filosoficamente justificado.

A educação que tem como meta atingir a virtude, a excelência expressa, em outros termos, a busca de melhoria dos cidadãos e de bases para a construção do Estado ideal (*Górgias,* 517 c). Platão é muito claro. Afirma que é preciso pensar na temperança, na coragem e na justiça e não só nos portos, estaleiros e muralhas, etc. (519 a). Ele pretende mudar as leis escritas e os costumes desmoralizados, as cidades são mal-governadas, os gastos excessivos dos cidadãos (*Carta Sétima*, 326). Ele aprendeu com Sócrates a necessidade da educação moral.

Os diálogos platônicos mostram também as deficiências morais dos Estados existentes. Segundo ele, esses Estados estão condenados a desaparecerem. A *Sétima Carta* esclarece essa situação precária dos Estados reais. Em vista disso, Platão, homem de decisiva vocação política, visa à melhoria do Estado e, para isso, procura conjugar a sabedoria com o poder político, embora seus ideais e a necessidade da educação filosófica dos governantes somente tenham sido expostos de modo direto e claro na *República*.

A VIRTUDE PODE SER ENSINADA?
É POSSÍVEL A EDUCAÇÃO?

Uma das questões centrais da sofística é a possibilidade ou não da educação. A possibilidade de ensino da *arete* é, em última análise, a possibilidade da própria educação. Essa possibilidade implica, de um lado, o conhecimento objetivo da virtude, da excelência e, de outro, a transformação psicológica do indivíduo e do cidadão, que adquirem as condições de alcançar a ciência da *arete*. Em outros termos, a transformação do ser humano que vive limitado ou preso na opinião em homem de excelência humana, isto é, que atingiu a ciência, a inteligibilidade.

Para melhor examinar a questão se é possível ou não educar, podemos observar as condutas, os modos de ensinar e os próprios conhecimentos transmitidos pelos sofistas e por Platão. Por alto sabemos que Hipias ensinava cálculo, astronomia, geometria e música; Pródico ensinava a distinguir o significado das palavras; Górgia ensinava retórica e Protágoras ensinava a deliberar, escolher e, nesse sentido, o objeto de seus estudos aproximava-se ao de Sócrates. Percebem-se nessas práticas de ensino duas direções: uma, o desenvolvimento de habilidades e competências, com a finalidade de persuadir retoricamente os ouvintes e, outra, que procura o desenvolvimento efetivo de práticas filosóficas pressupostas para quem deseja a perfeição humana.

Mas, o projeto pedagógico dos sofistas é, ao mesmo tempo, relativista e otimista. Aceita qualquer tipo de argumento e pressupõe que tudo pode ser ensinado, tantos os ofícios quanto a perfeição humana. A essas duas atitudes, a otimista e a relativista, Sócrates, possivelmente o Sócrates histórico e não simplesmente o personagem dos diálogos platônicos, acrescenta, graças ao emprego dos processos maiêuticos, um toque de ceticismo.

Por sua vez, Platão, nesse cenário em que os sofistas praticam, em matéria de educação, uma pedagogia conservadora ou, segundo a terminologia de Kuhn, um "conhecimento normal", enfrenta Protágoras e os demais sofistas, introduzindo nas atividades didáticas e pedagógicas a dimensão ética. Embora, ao seu modo, também para Protágoras, como explica Jaeger, a educação é um postulado social e político intangível (*Paidéia*, p. 588).

Todos acreditam na possibilidade de se educar o gênero humano. Mas, somente Platão questiona a natureza e a finalidade das virtudes ou das excelências particulares. Ele indaga a Protágoras sobre a unidade ou a diversidade das virtudes. Além desse aspecto, há uma outra questão que merece atenção especial e que pode ser formulada da seguinte maneira: Se a virtude ou a excelência é objetiva, racional, isto é, não subjetiva ou relativa a cada um, como é possível ensiná-la? Essa questão assim como é formulada parece permanecer válida até os dias de hoje, pois é comum, nas instituições, propor como meta do ensino e da pesquisa o valor excelência ou a qualidade. Obviamente, não estamos lidando com o mesmo sentido semântico do conceito de qualidade: no entanto, o conceito atual de valor ou de excelência deve ter alguns traços do ideal grego.

É preciso retornar à questão: Pode a virtude ou a excelência, em termos de educação, ser alcançada? No *Ménon*, vimos formular-se com clareza a questão: "A virtude ou excelência é algo que se ensine ou não ensine", acrescentando: "sem que primeiramente investigássemos o que ela é, em si mesma?" (86 d). Portanto, para Platão, antes de esclarecer se a *arete* pode ou não ser ensinada, é necessário refletir sobre o conceito de virtude ou de excelência. E é esse procedimento que geralmente permanece esquecido da parte dos sofistas e, igualmente, da parte das ciências pedagógicas até hoje.

A aproximação da questão platônica com a situação atual permite perceber com objetividade o quanto a *arete* platônica tem uma dimensão ética. Hoje, empregamos os conceitos de valor, de virtude, de qualidade, de excelência, quase sem nos darmos conta dessa dimensão. Em todo caso, a *arete* pode ser abordada, desde os gregos, sob o enfoque técnico, cognitivo, intelectual e sob o enfoque ético e moral. Igualmente, sob o ponto de vista histórico, não podemos ignorar que os gregos também levavam em conta que a *arete* era um dom divino inexplicável.

As duas dimensões, a do ensino da virtude e a da natureza da virtude ou excelência, estão intimamente entrelaçadas. Na articulação desses dois aspectos, estão presentes a reflexão filosófica e a prática pedagógica. Nem todos os professores, pais e profissionais conseguem que seus estudantes, filhos e liderados alcancem a qualidade ou a excelência de resultados talvez porque essa lição de unidade e de justificação de Platão tenha sido esquecida.

CONHECIMENTO SENSÍVEL *VERSUS* INTELIGÍVEL

O projeto educacional de Platão envolve a passagem do sensível para o inteligível, e essa passagem supõe a unidade de uma pluralidade. A unidade remete para a idéia que é eterna e imutável. Sem a unidade da idéia é impossível pensar a diversidade ou a multiplicidade do sensível. Por sua vez, o desdobramento dessas questões influi na explicitação das relações entre o indivíduo e o coletivo, o lógico e o psicológico.

A necessidade de idéias decorre da exigência socrática da definição. Platão separa a realidade das idéias da realidade do mundo sensível, ao contrário de Aristóteles, que não admitia tal separação. A idéia corresponde à unidade genérica dos entes e também à unidade que governa todas as coisas. Apesar das dificuldades dos comentaristas de entender a comunidade e a hierarquia das idéias, propostas por Platão, só uma comunidade de idéias resolve a aporia do uno e do múltiplo.

Todas essas delicadas questões têm implicações diretas na educação das crianças e dos jovens. As coisas sensíveis não podem ser pensadas sem sua participação na comunidade das idéias. Por isso, Platão, no *Fedon*, em relação à oposição entre conhecimento sensível (*doxa*) e conhecimento inteligível (*episteme*), afirma que a ciência tem valor em si, valor absoluto. Diz: "Receei que minha alma viesse a ficar completamente cega se eu continuasse a olhar com os olhos para os objetos e tentasse compreendê-los através de cada um dos meus sentidos. Refleti que devia buscar refúgio nas idéias, *logoi*, e procurar nelas a verdade das coisas." (*Fedon*, 99 c). Não se trata de usar o *logos* ou a ciência para chegar a algum ponto, mas de alcançar a *episteme* como fim em si mesmo.

A distância entre a opinião e a ciência, entre o conhecimento sensível e o inteligível, ou entre o conhecimento teórico e a ignorância é demasiadamente enorme. A teoria das idéias justifica o dualismo ontológico entre o sensível e o inteligível. Em vista desse dualismo, a filosofia é uma espécie de retorno ao mundo das essências, (uma preparação para a morte), e a educação é tábua de salvação, passagem do sensível para o inteligível. Mas, como esse abismo é insuportável, Platão, no *Ménon*, introduz um novo conceito, o de *opinião verdadeira*.

A opinião verdadeira

O afastamento do conhecimento comum, reino onde impera a opinião, em favor de um saber absoluto, apresenta conseqüências pedagógicas graves, isto é, a maioria dos cidadãos não alcança o conhecimento inteligível. Entretanto, pode existir um conhecimento que, mesmo não tendo as condições do conhecimento das essências, mesmo sendo um conhecimento fundado na opinião, possa corresponder ao estado verdadeiro. Em outros termos, a opinião verdadeira é aquela opinião em que o conteúdo corresponde ao conteúdo do conhecimento inteligível.

Assim, para solucionar um problema pedagógico, Platão desenvolve o conceito de opinião verdadeira, *alethes doxa*. As pessoas incapazes de uma elevação dialética podem alcançar a *Arete,* por meio da opinião verdadeira. A formação correta de uma opinião não anula sua verdade, apesar de a verdade não se fundar na sabedoria. "Portanto, a opinião verdadeira, quanto à correção da ação, não é, de maneira nenhuma, pior guia que o saber." "Logo, a opinião verdadeira é, de modo nenhum, menos útil que o saber"

(*Ménon*, 97, b, c). Há, nesse caso, uma diferença entre ter uma opinião que corresponde à verdade e uma verdade que corresponde à ciência.

A correspondência entre os fatos e a opinião verdadeira não depende, explica Scolnicov, "da estrutura epistêmica da opinião mesma, mas é uma relação externa e fortuita" (2006, p. 31). Enquanto o conhecimento racional se constrói com razões e a partir de razões se desenvolve, o conhecimento baseado na opinião, de valor prático e educativo, é instável, varia conforme as circunstâncias, os pontos de vista. Poderíamos talvez acrescentar que o conhecimento teórico possui uma lógica interna e o conhecimento opinativo uma lógica externa.

A opinião verdadeira possui valor pedagógico. Ela, de modo algum, é *episteme* ou o saber definido na *República,* como conhecimento do "que é enquanto é" (477 b, 478 a), conhecimento das essências, da apreensão das formas inteligíveis, mas é, sem dúvida, apreensão correta dos objetos. A opinião verdadeira diferencia-se do saber da *episteme,* como vimos, por ser totalmente confiável. Pois, "aquele que possui o saber, para Platão, pode-se ler no *Menon,* sempre poderá alcançar sua meta e o que possui a opinião verdadeira, umas vezes poderá alcançá-la, outras vezes, não" (97 c).

Uma vez que a questão da opinião verdadeira encontra-se assim delimitada, Platão oferece como solução o programa educacional desenvolvido na *República.* Esse programa pretende levar o estudante do sensível ao inteligível, pois o filósofo apaixonado contempla a verdade e, através do método dialético, ao dividir e ao reunir, alcança o uno na multiplicidade. Portanto, cabe à educação, no seu estágio mais avançado, promover e garantir a virtude, os valores, a excelência humana e a obediência às leis.

A luta entre o conhecimento sensível e o inteligível envolve igualmente as relações entre o indivíduo e a Cidade, a sociedade, entre o individual e o coletivo. Hoje, vivemos numa sociedade em que o individualismo é acentuado e dá origem a outros modos de ser como o egoísmo. Para Platão, como para os antigos, o cosmos, o mundo coletivo é mais importante do que as partes, os indivíduos, e isso se reflete naturalmente na educação. Platão tem como meta a contemplação das idéias, e esse objetivo fornece um novo sentido à vida. Nesse sentido, para quem o acesso direto às idéias é difícil, resta a possibilidade da opinião verdadeira.

O individual e coletivo

Platão fala do indivíduo dentro do contexto da Cidade. O indivíduo e a *polis* constituem-se numa única realidade relacional. O psicológico não é separável do sociológico. À organização social e política corresponde a estrutura do ser humano. Jeannière afirma que a psicologia de Platão não pode ser introspectiva. "A primeira psicologia conhecida da história, a de Platão, é uma psicologia do comportamento" (1995, p. 119). Sua psicologia só pode desenvolver uma psicologia social. Isso se deve ao fato de o indivíduo e a Cidade se refletirem um sobre o outro sem a possibilidade de afirmar a prioridade de um ou de outro. Não estamos diante nem de um liberalismo nem de um socialismo radical. Platão situa-se ontologicamente antes dessas dicotomias históricas.

Para entender a pedagogia de Platão, é decisivo entender seus fundamentos. As funções que os cidadãos exercem na vida social e política devem estar em harmonia com as funções da alma. Às três funções psíquicas – a racional, a do desejo ou das pulsões e a das emoções dos sentimentos – correspondem as três classes de homens, os governantes filósofos, os guardiões (soldados) e os artesãos ou produtores. Tanto os indivíduos como as classes sociais desenvolvem de modo predominante uma das funções.

Esse tripartismo da alma, também presente de certo modo em Freud, foi abandonado pela tradição, desde Aristóteles. O dualismo alma e corpo e a divisão entre racionalidade e emotividade é acentuado por autores como Descartes com conseqüências graves na história da educação. O ser humano platônico vive em conflito provocado pelas relações entre desejo, emoção e razão. Sua luta consiste em buscar ao mesmo tempo o mundo sensível, do agradável, dos prazeres, mas também do belo e do bem, que ele nunca atingirá por completo. Enquanto ele está voltado para o coletivo, para a organização social, ele tem como meta a justiça. A justiça é a possibilidade de harmonizar as classes sociais e as funções psíquicas.

Essa posição de Platão, quando mal entendida e descontextualizada, é perigosa, pois, de certo modo, justifica a existência de classes sociais e leva a confundir a existência determinista de classes, com a noção de organização e orientação profissional. De fato, para entender melhor Platão, é necessário sublinhar a relevância da justiça como critério de coerência e harmonia, especialmente entre as funções da alma. Platão, apesar de seus vôos metafísicos, procura pensar com senso prático. As classes não são rígidas nem as funções da alma, ambas precisam de uma constante mediação. Prova disso é que suas lições sobre a organização do Estado ideal não se referem a categorias abstratas como democracia, aristocracia, tirania, etc., mas ao homem democrático, aristocrático ou tirânico.

Platão, na *República*, afirma com clareza que cada cidadão deve realizar as funções da alma da mesma maneira que se produz um acorde musical. A justiça, explica o autor, diz respeito às ações interiores e não exteriores; ela evita que as partes da alma se dediquem a tarefas estranhas e que uma parte interfira inadequadamente em outra e faz com que as funções da alma se harmonizem conforme os três termos da escala musical: o alto, o baixo e o médio (443 d, e).

Ainda na perspectiva das relações entre o individual e o coletivo, Platão menciona o problema da igualdade entre os cidadãos. Nas *Leis*, fala de duas igualdades, quase opostas, embora tenham o mesmo nome (VI, 757 b). A igualdade não pode fundamentar-se sobre os números, mas sobre a proporção. A igualdade verdadeira consiste na atribuição que se faz a cada um dos cargos e das honras em proporção das competências e dos méritos. Afirma: "Quanto maior for a parte atribuída aos melhores, menor será a parte dos que valem menos... Maiores honras serão atribuídas àqueles cujo valor é maior" (*Leis*, VI, 757 c).

Essas reflexões, distantes das teorias contemporâneas, mostram que uma inadequada concepção de igualdade, fora do âmbito dos direitos políticos, é um modo de estabelecer desigualdades. Platão, em seu tempo, limita-se a seguir a proporcionalidade que corresponde à natureza, ao cosmo. O humano, a organização da sociedade e o cosmo, tudo é uma espécie de organismo vivo. Tudo está em construção. A base dessa construção é a educação, essência, do Estado ideal.

Outra conseqüência da superação do conhecimento sensível na busca do conhecimento inteligível, isto é, do mais alto estado da ciência, cria para a educação o problema da passagem do conhecimento psicológico para o conhecimento lógico. É óbvio que aprendizagem não possui apenas uma dimensão lógica, racional, ela apresenta, sem dúvida, uma base psicológica. E esse fato nem sempre foi devidamente esclarecido nas leituras dos textos platônicos.

O psicológico e o lógico

Na série de questões relevantes apresentadas pelo diálogo *Protágoras,* encontra-se a posição do sofista Protágoras contra a separação total entre o lógico e o psicológico. Scolnicov afirma: "Na concepção protagórica, a educação como processo psicológico é então possível, precisamente porque o conteúdo de tal educação é desde logo puramente psicológico" (2006, p. 23). Posta dessa maneira, a questão implica resultados de aprendizagem, pois se abre mão de qualquer pretensão de objetividade e "nega-se qualquer critério racional" (2006, p. 23).

De um lado, a educação como processo psicológico é possível. De outro, esse tipo de educação não é objetiva nem racional. Diante dessa espécie de contradição, não se pode concluir que Protágoras não pudesse defender a possibilidade de ensinar. "Como Platão mesmo põe em sua boca (na de Protágoras) no *Teeteto*, não se trata de substituir opiniões falsas por corretas, mas de mudar opiniões que o

PLATÃO & A EDUCAÇÃO

próprio aluno não quer, por outras, que lhe serão mais agradáveis por seu próprio arbítrio" (SCOLNICOV, 2006, p. 24). Logo adiante, Scolnicov acrescenta que Protágoras, desse modo, torna mais forte o *logos* mais fraco. "Não se trata de trocar o falso pelo correto, mas o menos convincente pelo mais convincente. O verdadeiro é o que convence, o que tem efeito na vida humana" (SCOLNICOV, 2006, p. 24). Essa relativização da lógica aos aspectos psicológicos parece trazer vantagens à teoria da aprendizagem e da motivação.

Essa luta entre o lógico e o psicológico remonta a Parmênides. Por ora basta recordar que Parmênides, no poema "Sobre a natureza", afirma que fora do ser o não-ser nada é (ARISTÓTELES, *Metafísica,* I, 5). Nesse sentido, Parmênides fornece os fundamentos para a existência de um critério absoluto de não-contradição. Depois de Platão ter reafirmando o princípio de não-contradição, Aristóteles o formula de modo claro: é impossível que a mesma coisa, ao mesmo tempo, pertença e não pertença a uma mesma coisa, segundo o mesmo aspecto (ARISTÓTELES, *Metafísica,* 4, 15-20). Aristóteles acrescenta ainda que esse princípio é o mais seguro e, igualmente, acredita no contrário, como teria dito Heráclito.

Mas o próprio Parmênides, no fragmento 16, constata que a mente dos homens depende da mistura dos membros errantes em cada um. Isso significa que o conhecimento comum, psicológico, baseado nos sentidos, depende do corpo, da percepção. Em vista disso, não se podem confundir os caminhos do lógico ou da razão e do psicológico ou do subjetivo. A razão lógica não pode cair em contradição. Parmênides é radical. Protágoras é relativista. Entre as duas posições, encontram-se as de Platão e de Aristóteles. Mas quatro posições filosóficas dão o que falar até os dias de hoje. Basta ler os comentadores e reler os textos para perceber que uma questão como essa está no centro de qualquer filosofia da educação, especialmente na época do pós-moderno, em que os critérios de racionalidade são questionados.

Na realidade, em termos educacionais, Platão condena o relativismo dos sofistas. O homem não pode ser a medida de todas as coisas, como dizia Protágoras. Mas a questão do lógico e do psicológico no ensino, desde Platão até hoje, continua em aberto. O conhecimento, a linguagem e a realidade entrelaçam-se de múltiplos modos e fornecem assim diferentes combinações epistemológicas e metodológicas.

EDUCAÇÃO ÉTICA E ESTÉTICA.
A CENSURA MORAL DAS ARTES

Platão, na *República*, examinando texto sobre textos dos poetas gregos, demonstra a incapacidade deles de corresponderem às exigências da melhoria do ser humano e da formação do Estado ideal. Nos livros II e III, Platão, fundado nas faculdades da alma e na hierarquização das classes sociais e insistindo na necessidade de passar da *doxa* para a *episteme*, na necessidade de pensar o individual e o coletivo conjuntamente, apresenta seu projeto educacional de um Estado ético capaz de realizar a idéia do bem. Nessa proposta, no livro X, elimina a poesia e a pintura por imitarem os objetos e não expressarem as essências inteligíveis. As artes imitativas não promovem uma educação positiva, não atendem às condições jurídico-políticas e morais de um Estado justo, alicerçado no bem e na verdade.

A existência das partes da alma é o fundamento ontológico e epistemológico do Estado ideal. Assim, Platão constata um permanente conflito entre a alma racional e a alma apetitiva. Entre essas duas faculdades, há uma terceira faculdade, a da alma, a passional, que se encoleriza diante de certas ações. Nessa situação, a educação é o meio adequado para dominar racionalmente as partes da alma. Assim, a idéia de justiça pressupõe o domínio dos desejos e das paixões, e somente a formação filosófica permite alcançar o bem e a justiça, livre, portanto, da influência da *doxa*. Isso também vale para os guerreiros ou guardiões do Estado, eles também necessitam de uma boa educação. Por isso, é necessário evitar que a poesia e até a religião promovam uma má educação. Os deuses de Homero, infelizmente, possuem vícios e fraquezas que afastam os jovens da verdade.

Para Platão, as qualidades estéticas da poesia contribuem para acentuar a influência negativa dos conteúdos. Como ocorre com a retórica, não são os meios empregados que suscitam dúvidas, mas o caráter persuasivo do discurso. É necessário, todavia, recordar que Platão ignora o caráter ficcional da poesia, ele considera o dito ao pé da letra e, por isso, conclui que os poetas e os pintores mentem no sentido moral. A mentira, nesse caso, consiste em iludir os jovens, graças à beleza das obras, graças à dimensão estética da *doxa*, em vez de conduzi-los à *episteme* do mundo inteligível. A beleza sensível e dos corpos em geral afasta os jovens da beleza da alma.

Esse conflito entre a arte e a educação deriva da doutrina platônica das faculdades da alma e da imortalidade. Não se trata de uma censura puramente moral. Ela é também epistemológica. A crítica a Homero, a Hesíodo e a outros poetas que contribuíram decisivamente para a educação do povo grego, parte de uma concepção naturalista da arte, concebida a partir da concepção natural dos objetos, pois o próprio Platão, no *Banquete*, mostra que a poesia é algo múltiplo, é passagem do não ser para o ser (205 e).

Entretanto, Platão, na *República,* muda de perspectiva, insiste na dimensão moral e política da arte. A *techne*, a habilidade técnica acompanhada de conhecimentos correspondentes, também se submete à função político-pedagógica; o sapateiro, o carpinteiro e outros artesãos têm seu lugar no Estado ideal, mas não o poeta e o pintor. Platão condena a poesia em relação à influência imoral e, finalmente, por esse motivo, condena toda a arte imitativa.

Platão mostra as condições pedagógicas da constituição do Estado ideal e, em conseqüência, a formação filosófica dos dirigentes e guardiões. Nesse sentido, ele fala do homem justo, aristocrático, democrático ou tirânico e não de formas abstratas de modelos de governo. Sendo a idéia de justiça, a partir do critério da idéia de bem, intrinsecamente boa, o homem justo do Estado ideal requer uma educação justa e verdadeira. Por isso, as narrativas dos poemas que as crianças e os jovens ouvem não podem apresentar deuses e heróis viciados. As transformações históricas da *polis* mostram dirigentes e guardiões sem a formação adequada. A solução, portanto, está na reforma educacional, na superação da educação tradicional. A retórica e o discurso do senso comum presente na poesia precisam ser superados pelo discurso filosófico, de valor ético. É preciso deixar de lado Homero, Hesíodo, Píndaro, Museu, Orfeu e outros que não usam a dialética ascendente nem descendente. Abandonar esse discurso significa assumir positivamente o pensamento filosófico que indaga "o que é" a justiça ou a injustiça.

O Estado ideal requer um novo projeto educacional que pratique a ginástica para o corpo e a música para a alma (*República*, II, 376 e), conforme as exigências da *episteme*. A educação precisa eliminar os discursos mentirosos, os erros e as batalhas dos deuses e dos heróis, pois os jovens não possuem discernimento para distinguir a presença ou ausência de idéias ocultas. Platão é taxativo: as impressões recebidas nessa idade são indeléveis (*República*, II, 378).

Outro aspecto que precisa ser considerado na concepção pedagógica é o do sentido do divino. O divino para os gregos tem um significado específico. Ele se manifesta de diversas maneiras. Se o justo e o perfeito se identificam com o mundo divino, não é lícito permitir aos poetas que os deuses tornam os homens infelizes. Nesse caso, Platão ignora a idéia contemporânea de que a arte é "fingimento" e "ficção" e que é um modo diferente de dizer a verdade. Ele a reduz à função ético-pedagógica. Ele não a critica por considerá-la pouco poética ou desagradável ao ouvido (*República*, III, 387 b), mas porque as coisas de valor estético podem iludir os jovens.

Na medida em que os jovens e os guardiões são conduzidos pela métrica, pelos movimentos corporais, sugeridos pela poesia oral, eles não alcançam o estágio da contemplação das formas inteligíveis. Os ritmos da poesia impedem que as palavras expressem a natureza racional da *psyche*. A faculdade racional da alma é que deve determinar a musicalidade da poesia e não a parte sensível determinar as características do discurso.

Quanto a formação dos guardiões, as conseqüências da imitação, da *mimese*, são diversas. Se cada um só pode sair-se bem numa única profissão, os guardiões não podem ser competentes em suas funções e, ao mesmo tempo, ser bons imitadores. A natureza humana é divina em partes: é impossível a cada um imitar muitas coisas ou fazer bem às próprias coisas que a imitação reproduz. Eles só podem imitar o que os torna corajosos, para poderem se dedicar à liberdade do Estado ideal (*República*, III, 394, 395). Não podem, por exemplo, imitar as mulheres nem os escravos. Menos ainda indivíduos maus ou o trabalho do ferreiro ou de qualquer outro artífice ou, ainda, qualquer pessoa inferior.

Assim, é fundamental para a educação o máximo de cuidado com a música, com os discursos orais, pois do mesmo modo que existe a harmonia existe também a desarmonia. Só a alma harmonizada é sábia e corajosa, a desarmonizada é covarde e grosseira.

Platão desenvolve seus argumentos como se a interdição das passagens dos poemas, por ele analisados, fosse algo natural. Os comentadores, no entanto, falam abertamente de censura. O foco platônico não está na interferência na liberdade de expressão. Ele não institucionaliza a censura como alguns governos o fizeram na história. Sua censura tem base no predomínio do ético e do político e, ainda, do pedagógico sobre a função estética. Platão, na *República*, não propõe um tribunal, uma comissão, um código. Mas, assim mesmo, vista nos dias de hoje, sua censura é perigosa, pois é uma censura doutrinária e moral. Embora tenha origem num projeto filosófico-pedagógico em que se pressupõe o direito de criar e determinar condições e limites institucionais e, segundo outros, tenha um caráter de orientação moral e não de repressão policial, ela possui a gravidade natural de algo que é fundamentado metafisicamente.

No livro X da *República*, Platão aprofunda o argumento contra a arte imitativa. As composições imitativas corrompem o entendimento dos ouvintes, a não ser que disponham de um antídoto, a *episteme*. Apesar de reconhecer afeição antiga, desde criança, em relação a Homero, mestre e guia dos poetas trágicos, afirma que não se deve colocar o homem acima da verdade (595 b, c). Por isso, serve-se da teoria das idéias para criticar a poesia e a pintura imitativas. Toma como referência as idéias de cama e de mesa. Ele distingue, nesse exemplo familiar, o criador da verdadeira idéia de cama e de mesa, o carpinteiro que fabrica esses objetos domésticos, a partir da idéia verdadeira, e o pintor e o poeta que apenas imitam, com sua arte, a aparência desses objetos. As incoerências presentes no argumento põem lado a lado o trabalho do carpinteiro e do pintor, seja copiando, seja simulando algo. Toda imitação é reduzida à imitação da aparência, sem nenhuma mediação entre arte e realidade.

O poeta como o pintor fabricam simulacros que não servem para nada, pois a imitação apresenta os homens em ações mal sucedidas e entregues à dor ou à alegria. O perigo está no efeito emocional quando imita heróis em situações aflitivas (*República*, 605 d, c). A imitação interfere na alma, pondo-se ao lado dos desejos e não da racionalidade.

Os conceitos platônicos de *mimesis, phyche, polis*, nem sempre bem-explicitados e, além disso, situados num contexto metafísico histórico, mostram em linhas gerais que Platão essencializa a função ético-política e pedagógica da educação. Por isso, sua concepção política e pedagógica só pode ser entendida em suas razões ou até certo ponto justificada, a partir de um olhar histórico.

EDUCAÇÃO E MÉTODO:
REMINISCÊNCIA E APRENDIZAGEM

As diferenças entre uma filosofia e outra têm suas raízes ou razões no uso do método. O processo dialético de Platão assume, em cada diálogo ou conjunto de diálogos, diferentes modalidades. Assim, no *Ménon*, temos o que poderíamos chamar de método dialético-hipotético; no *Sofista,* o método dialético-diairético e, na *República,* o método dialético ascendente e descendente.

Platão, no emprego do método analítico, não encontra uma formulação lógica e um processo dedutivo, como em Aristóteles, mas nem por isso seu modo dialético de pensar deixa de ter bases analíticas. Parmênides, por exemplo, como outros analíticos, submete a verdade ao método. Em Platão, ao contrário, verdade e método constituem-se mutuamente.

Não podemos esquecer, ao falar de educação, a importância que tem, para a filosofia de Platão e também para a pedagogia ocidental, a maiêutica socrática. Sócrates acreditava ter recebido dos deuses a missão de extrair da alma humana a sabedoria divina. Esse princípio metafísico e, em conseqüência, essa missão outorgada aos professores estenderam-se durante séculos e foram assumidas e outorgadas, em termos semelhantes, por autores como Santo Agostinho, nas páginas do *De Magistro.*

Em grego *maieúesthai* significa dar à luz, parir. Ora, a mãe de Sócrates era parteira. Sócrates, no diálogo *Teeteto,* compara-se às parteiras, porém com uma função superior, pois sua arte "consiste na faculdade de conhecer de pronto se o que a alma dos jovens está na iminência de conhecer é alguma quimera e falsidade ou fruto legítimo e verdadeiro" (*Teeteto*, 150 c).

A maiêutica tem seu fundamento no processo de reminiscência de que fala Platão no *Ménon*, no *Fedro*, no *Fédon*, no *Teeteto*, na *República*. Não é, portanto, uma relação secundária a da maiêutica com a da reminiscência. Com essas duas categorias, ele mostra a necessidade e como é possível aprender a conhecer. A reminiscência e a maiêutica realizam o ato de conhecer não como algo externo, algo que é depositado na alma ou no espírito como se esse fosse um recipiente vazio, mas efetivam um ato que surge ou desperta na alma do ser humano.

No *Ménon*, o pequeno escravo encontra a solução do problema geométrico na sua alma, na sua *psiche*. O escravo encontra a solução do problema da duplicação da superfície de um quadrado apoiando-se em figuras traçadas na areia conjuntamente com as instruções de Sócrates (*Ménon*, 82 a - 85 c).

Para não ficar apenas nesse episódio ilustrativo, é necessário contextualizar a questão. O *Ménon* começa indagando desde o início: a virtude, a excelência, a qualidade, a *arete*, ensina-se ou nasce-se com ela? O desdobramento metodológico da questão, de estilo antilógico, supõe a resposta à pergunta: O que é a virtude? Diversas respostas são dadas; porém, todas merecem reparos. Todavia, elas servem para introduzir a idéia da existência de uma alma imortal, reencarnando-se nos corpos, não pode jamais ser destruída. O que quer dizer, uma vez que a alma tem a posse da verdade, que a resposta à pergunta é conhecida, embora seja ignorada e, por isso, necessite ser novamente reencontrada. Se a alma contemplou todas as coisas em seu estado original, pode-se deduzir que aprender é recordar. Nesse sentido, quem estuda no texto platônico as descrições da reminiscência, percebe que ela tem, em termos pedagógicos, uma função epistemológica. Ela inaugura uma teoria da aprendizagem. O exemplo do escravo que não sabia nada de geometria apenas ilustra a tese de que, primeiro,

PLATÃO & A EDUCAÇÃO

para aprender é necessário reconhecer a ignorância (primeiro passo do método socrático) e, segundo, há nos homens um saber (inato) que torna possível os novos conhecimentos. Por isso, mediante perguntas bem formuladas, é possível despertar nos interlocutores a opinião verdadeira.

A introdução no *Ménon,* do conceito de opinião verdadeira, abre um capítulo importante para se entender a filosofia e a pedagogia de Platão e estabelecer o mapa de seus conceitos fundamentais. A opinião verdadeira, como vimos, é importante para resolver o problema da possibilidade do ensino da *arete,* e da superação da opinião em favor da ciência.

A opinião verdadeira deve corresponder ao estado verdadeiro de cada coisa, dado pelo conhecimento científico. Ela pode ser conquistada – e é exatamente isso que precisa ser observado na pedagogia platônica - pelos procedimentos metodológicos. Platão insiste no uso do método e, por isso, em cada diálogo desenvolve diferentes processos dialéticos. No *Ménon* e no *Fédon,* por exemplo, ele usa o método hipotético. Em outros diálogos emprega também o método *diairético,* conjuntamente com o método refutativo, e assim por diante. O método envolve argumentação, e esta, por sua vez, os fins e os princípios de sua concepção filosófica.

A ascensão dialética é um caminho longo que exige maturidade afetiva e intelectual. É preciso superar as hipóteses. A filosofia diferencia-se da matemática. O diálogo que sustenta a investigação dialética é relacional e parcial, antes de alcançar a intuição dialética, a intuição das essências. Nesse sentido, a pedagogia do diálogo é um processo que valoriza situações concretas, pontos de vista já difundidos. Ele supera aos poucos as situações concretas, exemplificadas em seus diálogos.

A leitura dos diálogos nos aponta para a necessidade de examinar as opiniões correntes, tendo em vista fins e orientações morais precisas. Todavia, não se pode permanecer nas opiniões e nos fatos reais. A razão nos pode levar para além das aparências, para a realidade inteligível.

A REFORMA EDUCACIONAL
E OS VALORES DA SOCIEDADE

O pensamento filosófico-pedagógico de Platão tem, como pano de fundo, a idéia do mundo grego clássico de que a comunidade política, a *polis,* é uma extensão da família e do grupo e, portanto, a vida toda é marcada pelo projeto educativo. Hoje, afirma-se que todos têm direito à educação, que o Estado tem o dever de oferecer oportunidades de educação a todos. Também para os gregos a concepção de vida comum implicava naturalmente ações educacionais. Nesse sentido, para Platão, o processo educacional é essencialmente político, público e envolve a família, a escola e a vida em sociedade.

Platão, no diálogo *Protágoras,* faz com que o maior entre os sofistas reafirme primeiramente a função formadora da educação ateniense tradicional e não a função intelectual e profissional. A mãe, o pai, a ama, o tutor e a vida comunitária educam as crianças. O menino desenvolve-se da melhor maneira possível quando "toda palavra e todo ato" cria a oportunidade de "ensinar-lhe o que é justo ou o que é injusto, o que é honesto e o que é vergonhoso, o que é santo e o que é ímpio, o que pode ou que não pode ser feito" (325 d).

Protágoras compara a educação das crianças com a existência de árvores retas e retorcidas que precisam de ameaças e de processos violentos para se endireitarem. Fala da escola e da necessidade de os professores cuidarem com mais rigor dos costumes do menino do que do aprendizado das letras e da cítara (325 d, e). Portanto, a educação moral e cívica vem em primeiro lugar. Cabe aos professores ensinar música, literatura, ginástica dentro de preceitos morais, com objetivos de realizar ações boas (326 a, b, c).

Quando as crianças saem da escola, Protágoras, que acredita que a excelência ou a virtude pode ser ensinada, a Cidade, a *polis*, obriga os jovens a aprenderem as leis e tomá-las como paradigma de conduta (326 d).

Mas, Sócrates e Platão contrapõem-se à educação tradicional proposta por Protágoras. Eles desejam uma educação do comportamento e do caráter fundada no saber, na *episteme*, no valor ético em si. As opiniões e os valores dados espontaneamente precisam ser examinados, criticados. É preciso reformular e reinterpretar valores como: coragem, piedade, justiça, etc. A excelência humana não está apenas no domínio técnico, artesanal, mas na virtude e no conhecimento intelectual.

Todavia, as conseqüências da reforma educacional socrática apresentam sucessivos fracassos. Ele próprio, Sócrates, no fim da vida, é condenado a tomar cicuta, entre outros motivos, por corromper a juventude. Alguns dos jovens que o ouviram tornaram-se tiranos. Os diálogos do chamado período socrático permanecem abertos, sem oferecer soluções práticas. Parece que os conceitos socráticos só podem ser aplicados em certas ocasiões e que somente algumas pessoas podem praticar a dialética e alcançar o bem. Nesse sentido, a pedagogia de Sócrates parece destinar-se ao fracasso. Além disso, ele não pretende institucionalizar a educação.

Platão, na *República*, apresenta, juntamente com seu projeto de uma Cidade ou Estado ideal, uma reforma educativa e, desse modo, parece apontar uma solução para o problema da educação da elite e da educação da maioria. Segundo ele, nem todos podem intuir o bem e alcançar a dialética em sua forma mais desenvolvida, mas todos podem ter acesso à opinião verdadeira, como já havia exposto no *Ménon*. A alma sempre possui opiniões verdadeiras que servem de ponto de partida para o processo maiêutico.

PLATÃO & A EDUCAÇÃO

Na *República*, o processo hipotético é substituído pela dialética ascendente e descendente que pressupõe, em ambas as modalidades de investigação, opiniões verdadeiras. É, por isso, argumenta Scolnicov, que Platão começa seu processo educacional pela música e pela ginástica para finalmente chegar à filosofia (2006, p. 64).

A educação implica etapas. A racionalidade é uma conquista gradativa. Nas primeiras etapas, educa-se o hábito e a formação de caráter, forma-se a base moral da educação. No fim do processo, alcança-se a dialética em sua manifestação mais pura. Assim, passa-se do sensível para o inteligível, do psicológico para o lógico ou ontológico, tendo como fundamento o ético, a procura do bem. Scolnicov afirma:

> O conhecimento só pode formar-se a partir de opiniões, e a virtude consciente de si (ou, como Sócrates diria, a virtude como conhecimento) só pode brotar do hábito e da possessão de um caráter virtuoso. Assim, por exemplo, Sócrates faz notar a *Cármides* que a modéstia que este já possui é um pré-requisito necessário ao conhecimento dessa virtude, e o mesmo aplica-se a *Lísis* com respeito à amizade. (2006, p. 64-65)

A opinião correta pode se transformar na base da educação comunitária, política, de todos os cidadãos. Ela abarca desde os prazeres verdadeiros até a posse do bem, as formas inferiores e superiores do desejo. Desse modo, os fracassos da pedagogia socrática são reformulados.

Platão, nas *Leis*, seu último diálogo, abandona a idéia de que os filósofos devem governar a Cidade e assume um projeto político pedagógico mais realista. Talvez um pouco desiludido com as experiências de Siracusa e com o fato, entre outros, de seu amigo Díon, o único capaz de entender as idéias de Platão, ter sido assassinado por um antigo discípulo da Academia e, ainda, levado pela natural experiência da velhice, a propor uma reflexão de caráter mais jurídico sobre os aspectos educacionais, institucionais e as leis da melhor vida comum possível.

Nas *Leis*, livro primeiro, com respeito ao casamento dos cidadãos e à educação das crianças e da juventude e até dos adultos e velhos, ele propõe ao legislador que supervisione e acompanhe as formas de relacionamento dos cidadãos, igualmente as dores, os prazeres, os desejos, as paixões, distribuindo aprovação e reprovação de modo correto mediante as próprias leis. Aqui se pode observar a importância formativa da lei; ela não é uma simples norma, ao contrário, ela contém um sentido de guia e, portanto, de função pedagógica. Cabe ao legislador vigiar até os métodos econômicos empregados e supervisionar as associações para garantir a justiça (*Leis*, I). No mesmo livro das *Leis*, mais adiante, Platão deixa claro que a educação, desde a infância, é treinamento na virtude. Para ele, formar um indivíduo simplesmente para a aquisição do dinheiro e do vigor físico é sinônimo de má-educação. Também não se emprega adequadamente o termo educação, quando se procura apenas a habilidade mental e não a sabedoria e a justiça (*Leis*, I).

Para Platão, a educação verdadeira consiste primordialmente na aquisição que a criança faz da virtude, da excelência humana. Ele afirma:

> Quando crianças as primeiras sensações pueris a serem experimentadas são o prazer e a dor e é sob essa forma que a virtude e o vício surgem primeiramente na alma; mas, no que diz respeito à sabedoria e às opiniões verdadeiras estabelecidas, um ser humano será feliz se estas o alcançarem mesmo na velhice, e aquele que é detentor dessa bênção, e de tudo que abarca, é de fato um homem perfeito. (*Leis*, II)

Nessas reflexões de Platão, estão presentes alguns conceitos que explicam o percurso histórico das propostas educacionais da tradição ocidental. É notável o esforço de unir a formação do indivíduo a partir do princípio do aperfeiçoamento moral, da necessidade de cumprir as leis, seguir o exemplo dos mais velhos e justos e ligar a educação à felicidade, que resulta do saber lidar com a dor e o prazer. O verdadeiro ensino deve separar o agradável do justo. O legislador e professor têm a função de conduzir o homem a uma vida justa e virtuosa.

Retórica, dialética e educação

A retórica sofista é um dos maiores perigos da educação. Esse perigo, por incrível que pareça, perdura até nossos dias. É o perigo da linguagem vazia, dos *slogans* da moda, das idéias repetidas, da superficialidade da opinião pública, do discurso inautêntico. Dizer o que agradada, o que o público quer ouvir, sem se importar com a verdade, produz efeitos negativos, conduz ao relativismo. Platão dá-se conta de que existem discursos falsos e verdadeiros. Por isso, chama a atenção sobre o uso da linguagem. Designar algo não é a mesma coisa que dizer ou mostrar algo. As funções da linguagem são múltiplas, e o conhecimento se torna impossível quando o discurso não é verdadeiro, não possui bases científicas e éticas.

Os sofistas, criticados por Platão, usam mal a retórica. Não se preocupam com a verdade, mas com a persuasão psicológica. Ocupam-se com as impressões que as palavras causam nos ouvintes, depois de estabelecerem uma relação falsa ou artificial entre a palavra e a coisa. Eles, de fato, não alcançam o domínio racional, o processo dialético da linguagem. Permanecem numa relação simplória entre a palavra e a realidade de cada coisa. O filósofo, ao contrário, é aquele que relaciona as palavras nos enunciados, que presta atenção à estrutura da proposição, que aponta as múltiplas relações possíveis entre os termos e não apenas a relação simples entre cada palavra com um único objeto.

A retórica dos sofistas, apesar das críticas de Platão, continua presente nas salas de aula e, evidentemente, nas praças, no mundo do legislativo, na mídia. Platão, na maioria dos seus diálogos, mostra que os sofistas não usam nem valorizam a racionalidade lógica ou dialética. Na sua época, ainda não existia uma lógica sistemática, como a inventada por Aristóteles e os estóicos e a lógica moderna. Apesar disso, os processos dialéticos desenvolvidos por Platão têm base lógica e seguem o princípio de não-contradição; por isso, são respostas aos argumentos sofísticos. Quando, nos primeiros diálogos, Platão propõe aos sofistas que definam a virtude, a beleza, a coragem, etc., como ocorre muitas vezes em salas de aula atualmente, a resposta retórica restringe-se à relação direta entre a palavra e a coisa. Quem lê, por exemplo, o *Ménon*, o *Hipias Maior* e outros textos, percebe de imediato que o argumento retórico, além de falso, possui graves conseqüências éticas. Ele traz em si o engano e não a verdade, a dimensão ideológica e não a orientação científica.

Platão dá importância à linguagem muito mais do que os historiadores da filosofia lhe atribuíram. Nos diálogos, quando o tema é a retórica, a questão da linguagem e do ensino da *arete*, da excelência social e política, no *Protágoras* e no *Górgias* especialmente, ocupa o centro das reflexões. Não basta ao discurso ser útil, é necessário que ele seja verdadeiro. Para entender melhor isso, é preciso ir além das aparências, além das percepções sensíveis. Nas *Leis*, explica Rogue, Platão deixa muito claro, precisamente, todo alcance negativo que a linguagem, assim como ela é emprega, pode ter; é a célebre passagem sobre as causas da impiedade e sobre a necessidade para a cidade combater os ímpios (2005, p. 36. *Leis*, livro X, 886).

Platão, metafísico, aproxima a retórica, o discurso verdadeiro ou falso com a questão ética e política do bem e da verdade, com a crítica às tradições religiosas gregas e, ao mesmo tempo, sua dialética vem acompanhada de sentido religioso, de uma dimensão divina. O mundo inteligível identifica-se com a esfera do divino. Essa esfera divina dominada pelo bem, na *República,* é alcançada mediante uma educação perfeita e, nas *Leis,* por meio de uma adequada legislação. Assim como na Cidade perfeita é possível dispensar os tribunais, na Cidade real examinada nas *Leis,* cabe aos juízes um papel fundamental. Por analogia, poderíamos dizer o mesmo da educação e dos professores.

A dialética, na perspectiva de Platão, é um processo essencialmente educativo. O dialético é o único que atinge o conhecimento da essência de cada coisa (*República,* VII, 534 b), que atinge o ponto mais alto da ciência. Ele vê todas as coisas a partir da unidade por excelência, a do bem. É o único que tem uma visão de conjunto.

Mas Platão parece ter consciência de que a educação da dialética ascendente, que de idéia em idéia vai até o não hipotético, isto é, intui a maior de todas as idéias, o bem, e que a dialética descendente, a partir de um princípio não hipotético, ou seja, do bem, reconstitui a série das idéias, sem recorrer a nenhuma experiência, é algo que exige maturidade intelectual e afetiva. A dialética descendente aplicada na *República* e no *Timeu* é de fato o projeto pedagógico mais alto e distante da proposta pedagógica dos sofistas.

A educação dos sofistas, na perspectiva crítica de Platão, consiste em praticar e ensinar a manipular a linguagem, criar emoções com ela, produzir a catarse. A educação de Platão vai a outra direção, quer saber o lugar do indivíduo na Cidade, quer saber como o indivíduo e a sociedade se refletem mutuamente, quer libertar o homem e a Cidade da decadência. Por isso, ele fornece indicações precisas sobre a educação dos guardiões. Oferece, como vimos, detalhes sobre o que se deve estudar até chegar à ciência suprema, a dialética.

EROS, DESEJO E EDUCAÇÃO

A inauguração do conhecimento filosófico e científico na Grécia antiga, no século VI a.C., é celebrada como a passagem da explicação mítica para a explicação racional. Os manuais escolares consideram o mito como algo do passado. Entretanto, os deuses, os heróis e as figuras mitológicas estão enxertados na compreensão que temos do comportamento humano e dos conceitos de corpo, alma, desejo, imortalidade, bem, verdade, beleza e justiça. Nem toda teoria está livre de resíduos mitológicos. A prova disso é o conceito de *Eros,* de amor, que Platão examina no *Banquete* e nos diálogos *Fedro* e *Leis.* Trata-se de um exemplo clássico de um tema mítico investigado com o método dialético. O conceito e a metáfora completam-se na compreensão do fenômeno. A versão mítica sob o ponto de vista pedagógico adquire gradualmente feição filosófica, embora ambas as formas, o *logos* e o *mito,* expressem os mistérios da natureza humana e da sexualidade, ligados ao problema da virtude, da verdade e do conhecimento.

Platão, no início do *Banquete,* afirma que *Eros* não teve a devida atenção dos poetas e dos filósofos. Talvez, por isso, ele instaura a união entre *eros* e *logos.* O *amor* e o *desejo* passam a ser investigados numa linguagem conceitual e assumem ambos uma evidente relação com o saber. Aos poucos, o *eros* do mito e do conhecimento não é mais e somente o *eros* de Sócrates, o filósofo que significativamente

83

ouviu as revelações de Diotima, mulher e sacerdotisa. Desse modo, funda-se, diria M. Foucault, a *scientia sexualis* do Ocidente em contrapartida à *ars erotica* do Oriente. No Oriente predomina o *eros-prazer*, e no Ocidente, o *eros-amor ao saber*. Até o termo filosofia, em sua origem etimológica, passa a significar amor ao saber.

Quem não ouviu falar dos amores conjugais, filiais, fraternais, incestuosos, trágicos, cômicos, etc., que se encontram nos textos de Homero e de Hesíodo, dos trágicos Ésquilo, Sófocles e Eurípides, e de Aristófanes? O amor de Alceste por Admeto; de Antígona; de Fedra por Hipólito; de Narciso por si mesmo, e muitos outros? Além desses amores, Platão recomenda que *eros* se torne amor à sabedoria. Por isso, o amor pode ser ligado às questões do uno e do múltiplo, das idéias (formas) e do mundo sensível, do ser e do aparecer, do bem e da justiça, do belo e da verdade, da opinião e da ciência. O amor passa a ser um problema pedagógico, uma questão de conhecimento.

O *Banquete*, esse diálogo quase romance, parece ter enredo de telenovela: diferentes épocas e personagens entram em ação com o objetivo de informar o que ocorreu no banquete (simpósio) em que estiveram presentes Sócrates e Alcibíades, na casa do belo Agatão, em comemoração ao prêmio recebido pela sua primeira tragédia. O diálogo estrutura-se em torno a uma série de discursos sobre o amor. A figura ímpar de Sócrates, na ocasião, asseado, usando sandálias, dominado pelo *daimon*, pois permanece um tempo concentrado, perto da entrada da casa de Agatão, apoiado num pé só, chega tarde. Os discursos celebram o elogio a *eros*. Mas, como alguns participantes haviam bebido bastante no dia anterior, recomenda-se o uso moderado do vinho. Portanto, só os discursos podem ser apaixonados, o orador não pode estar dominado pelo vinho.

Fedro afirma que *eros* é um grande deus primitivo. Mostra o lado trágico de *eros* citando exemplos mitológicos, como o caso de Alcestes que morre no lugar do esposo. Evidencia a relação entre a morte e o desejo. Pausânias distingue dois *eros* relacionados com Afrodite: o celestial e o popular. O primeiro, o amor platônico, essencialmente masculino, o segundo busca o prazer nos corpos. Erixímaco, médico, fala de *eros* como o princípio universal de harmonia e de saúde. O comediante Aristófones narra o mito dos Andróginos. Os homens no início eram esféricos, tinham dois olhos, quatro pernas, quatro braços e assim por diante. Mas, como eles pretenderam se igualar aos deuses, Zeus ordena que sejam divididos ao meio. O cirurgião divino costura na frente de cada um o sexo. Dessa divisão nasce o desejo de cada ser humano completar-se no outro. Agatão mostra que *eros* é o mais feliz dos deuses, sempre jovem e belo, justo, corajoso, sábio.

Os cinco discursos preparam a visão dialética dos discursos de Sócrates e de Alcibíades. Sócrates apela a Diotima, mulher e sacerdotisa, para explicar a dupla origem do amor. O amor primeiramente deseja o que não possui e, depois, deseja não perder o que possui. O amor é mediação dialética, é um intermediário, é passagem. No mito de Aristófanes, cada um é a metade de si mesmo, e o amor é a união das partes separadas.

Mas, segundo o mito, *eros* não é filho de Afrodite, apesar de nascer sob o signo de sua beleza. Na realidade, é filho de Poros (Recurso) e de Penia (Pobreza). No jantar oferecido pelos deuses por ocasião do nascimento de Afrodite, Penia chega para mendigar junto à porta. Poros, embriagado, adormece no jardim. Penia tem a idéia de ter um filho de Poros, deita-se junto dele e concebe o Amor. Assim, *Eros* herda dos pais a mistura que o torna inquieto e apaixonado, pobre e rico. Ao mesmo tempo, instável, inventivo, caprichoso. Vivendo na penúria, aspira o saber e a beleza. Alcibíades, no seu discurso, elogia o próprio Sócrates. O que é dito teoricamente no discurso de Sócrates é confirmado nas ações de Sócrates. Também Sócrates não é belo nem feio, mas sedutor. Sendo pobre, é rico interiormente.

O amor entendido dialeticamente não é mortal nem imortal, não é pobre nem rico, não é ignorante nem sábio.

Ele está no meio. Consciente de carência aspira à beleza e à sabedoria. Platão, a partir da imortalidade da alma, justifica a passagem do amor sensível para o inteligível. Por isso, no momento culminante do *Banquete*, Platão busca a cura da finitude humana dramaticamente apresentada no mito do andrógino do ser mutilado e que, por isso, vive a nostalgia da unidade perdida, fundamento do desejo.

O objeto de *eros* é o belo. Porém, a beleza só se revela em graus. O amante afeiçoa-se à beleza de um corpo, depois a todos os corpos; na etapa seguinte, ama as ações morais, num grau mais alto as ciências e, finalmente, o belo em si e por si. Platão, diz:

> Eis, com efeito, em que consiste o proceder corretamente nos caminhos do amor ou por outro se deixar conduzir: em começar do que aqui é belo e, em vista daquele belo, subir sempre, como quem servindo-se de degraus, de um só para dois e de dois para todos os belos corpos, e dos belos corpos para os belos ofícios, e dos ofícios para as belas ciências até que das ciências acabe naquela ciência, que de nada mais é senão daquele próprio belo, e conheça enfim o que em si é belo. (*Banquete*, 211 e, d)

Os estudiosos de Platão divergem em suas interpretações, mas a leitura mostra como o conhecimento teórico se instaura em relação às explicações dos problemas. Embora o ginásio e o simpósio sejam lugares de ensino e de encontros amorosos, Platão, no *Banquete*, transforma e depura de todos os elementos físicos a relação homossexual e, nas *Leis,* condena a homossexualidade. Igualmente significativo é o fato de Sócrates, o mestre, deixar a sacerdotisa falar. Diotima ensina, como vimos, que o *eros* é por natureza intermediário. Situando *eros* entre a ignorância e a sabedoria, ela aproxima *eros* da opinião verdadeira, conceito esse fundamental para a concepção platônica de educação. *Eros* também tem semelhanças com a filosofia, pois, para Platão, o filosofar é estar à procura de algo. *Eros* e a filosofia têm como condições naturais o desejo ou a falta de saber.

Platão educador e empreendedor. A fundação da Academia

Platão não se limita a falar da educação, não oferece apenas uma filosofia pedagógica, ele concretiza seus objetivos de ensino na fundação de uma escola, a Academia. Mas, sua iniciativa não é absolutamente inédita. Vários tipos de escolas tinham sido criados em 387 a.c., tanto por professores de tradição quanto por seguidores de Sócrates. Platão, na realidade, funda uma escola estruturalmente mais complexa. E ele, pessoalmente, mais do que um diretor, é um distribuidor e supervisor de tarefas. É um pensador que formula questões e orienta os demais pensadores.

A Academia, fundada em 387 a.c., permanece em atividade até 529 da era cristã, quando é dissolvida por decreto do Imperador Justiniano.

Depois de sua primeira viagem à Sicília, por volta de 388 a.c., ao chegar aos 40 anos de idade, decepcionado com o luxo e os costumes da corte de Dionísio I, o Velho, em Siracura, e de lá expulso e até vendido como escravo e posteriormente libertado pelo rico Aniqueris, passa a dedicar-se à organização e à expansão da Academia. Compra um ginásio perto de Colona, a nordeste de Atenas, nas vizinhanças de um bosque sagrado de oliveiras, em homenagem ao herói Academos. Ele amplia a propriedade adquirindo terrenos contíguos e constrói alojamentos para estudantes. Estabelece um estatuto, um regulamento e um orçamento que deveriam nortear a vida de uma associação de professores e alunos. A Academia tem naturalmente salas de aulas e um prédio dedicado às Musas, o Museum, que é uma verdadeira biblioteca com obras sobre diversos assuntos. Junto às construções, os jardins, cheios de estátuas de pensadores e de divindades e também capelas, criavam uma atmosfera para a reflexão e o diálogo.

A Academia, sob a orientação de um escolarca, diretor de escola, tem um corpo docente. Dentre os professores famosos, relacionam-se os seguintes: Spêusipo, sobrinho de Platão; Xenócrates e Heráclides de Pôntico, que ensinavam questões gerais de filosofia; Teeteto, que se dedicava ao ensino da matemática; Eudóxo de Cnido ensinava matemática e astronomia; e, durante um período, Aristóteles, o mais famoso aluno de Platão, ensinou retórica.

Os objetivos da Academia consistem na formação filosófica da juventude. Platão quer uma formação sólida e não superficial como a dos sofistas. Não quer formar manipuladores da opinião pública, retóricos talentosos e desonestos. Ele quer homens excelentes, virtuosos, capazes de promover o bem da Cidade. Nas páginas de seus diálogos, especialmente na *República* e nas *Leis*, estão elaborados os objetivos e os fins de sua proposta educacional.

Na fachada da Academia, lia-se a seguinte frase: "Que ninguém entre aqui se não conhece geometria." A matemática e a filosofia eram os ensinamentos centrais. O objeto de Platão era ensinar aos futuros magistrados e filósofos-reis uma cultura geral e não apenas fazê-los adquirir técnicas particulares. Só esse tipo de formação permitiria resolver de modo correto os problemas da Cidade.

O método de ensino consistia primeiramente no diálogo entre o mestre e o discípulo, intercalado de exposições didáticas orais. Esse método é reproduzido nos diálogos de Platão. Ele afirmava que as grandes verdades somente são apreendidas no exercício da oralidade. Apesar disso, Platão escreveu muitos diálogos e um número considerável de cartas, enquanto se dedicava aos assuntos da Academia. Os livros são apenas instrumentos de pes-

PLATÃO & A EDUCAÇÃO

quisa em comum e de leitura de grupos. Os livros de Platão, como de outros autores, encontravam-se à venda na praça, na *agora*, e, por isso, pode-se concluir que suas idéias chegavam a um grande público.

Quem hoje presta atenção ao funcionamento da Academia, fundada por Platão, dá-se conta de que a existência da escola requer antes de tudo uma proposta pedagógica, professores qualificados e a liderança de algum mestre. Sem essa liderança didático-científica e intelectual, as escolas tornam-se burocráticas, perdem a verdadeira seiva que as sustentam.

A EDUCAÇÃO E A ALEGORIA DA CAVERNA

Os diálogos de Platão combinam, com clareza e elegância, argumentos racionais, exposições dialéticas e narrativas de mitos e alegorias. A escrita de Platão conserva a oralidade; por isso, neles, o *logos*, o racional, e o *mitos*, a verdade escondida no primitivo dado pelos deuses, coexistem. Mas os mitos platônicos não se confundem com a mitologia grega. Eles têm algo de peculiar, são recursos quase didáticos para expressar o sentido que o rigor da dialética ou da escrita não pode dizer. É preciso romper o processo dialético demonstrativo, teórico, e comunicar o sentido de algo, por meio da narrativa. Os professores não podem empregar apenas a linguagem denotativa, eles a usam para comunicar valores e crenças. Eles precisam, em dados momentos, assumir o tom narrativo.

O mito platônico socorre-se de ações e personagens. A partir de uma situação desencadeia-se o enredo. Por isso, Platão às vezes aproxima seus mitos da fábula, da alegoria ou de outras formas narrativas. Tudo indica que sua intenção é pedagógica, pois o mito, no fim ou no meio de um diálogo, serve para esclarecer os interlocutores e permite concentrar a reflexão no essencial. Além disso, o mito platônico não apresenta nenhuma conclusão moral. Sua eficácia está em expressar de outro modo o que é demonstrado dialeticamente.

Platão, na *República*, no livro VII, usa a alegoria da caverna para expor o núcleo de seu pensamento metafísico, epistemológico, ético-político e pedagógico. A alegoria aqui parece ter uma função didático-pedagógica evidente. Platão não abandona o conhecimento mítico da tradição secular nem o opõe absolutamente ao conhecimento científico. Ao contrário, introduz de modo admirável no seu texto a integração dos saberes.

Na realidade, Platão refere-se aos mitos antigos e não às narrativas desses mitos de sua época. Para ele, os verdadeiros mitos são mensagens divinas. Nesse sentido, o mito é linguagem de sentido, de elucidação de fundamentos e não explicação científica. Por isso, o uso de mitos e de alegorias permite uma comunicação mais direta com o público. Há coisas que só se pode dizer com o mito, especialmente tudo aquilo que é anterior ao pensamento. Assim, o mundo do ser, das idéias supremas (bem, verdade, justiça, beleza, etc.), das almas imortais, etc. expressa-se melhor com os mitos de Epimeteu e Prometeu (*Protágoras*), da reminiscência (*Ménon, Fedro*), de Er (*República*), do demiurgo (*Timeu*), da Atlântida (*Timeu* e *Crítias*), entre outros.

Platão, em seus diálogos, emprega mitos e alegorias. É recomendável não confundir seus grandes mitos com fábulas, alegorias e histórias legendárias. Dizer, por exemplo, que o filósofo é o ser humano que saiu da caverna e está frente a frente com o sol das idéias é uma imagem elucidativa e não propriamente um mito. Apesar das críticas platônicas às imagens, e apesar da superioridade da palavra oral, do diálogo, ele constantemente evoca imagens para expressar o que é complexo demais, o que a percepção sensível não é capaz de esclarecer.

O livro VII da *República* começa com a alegoria da caverna. Sócrates, personagem central do diálogo, convida Glauco a imaginar a seguinte cena: no fundo de uma caverna, estão amarrados e imobilizados alguns prisioneiros. Não podem mexer o corpo nem a cabeça. Assim presos, vêem sombras de estátuas e de figuras de pedras e de madeiras que representam homens e animais desfilarem na parede do fundo da caverna e, ao mesmo tempo, ouvem os ecos

PLATÃO & A EDUCAÇÃO

das vozes dessas sombras. O que ocorre é semelhante a um teatro de marionetes, conduzido por titeriteiros. Atrás desses prisioneiros imóveis, num outro plano, mas dentro da mesma caverna, arde uma fogueira. A luz do fogo, como é de se esperar, ilumina as figuras ou marionetes e projeta suas sombras no fundo da caverna. Os prisioneiros vêem sombras projetadas na parede e ouvem ecos e não vêem a realidade que dá origem às figuras.

O quadro é estranho, e estranhos são os prisioneiros. Porém, eles são como nós, comenta Platão. Esses homens só têm acesso às sombras e ao eco das vozes e jamais à realidade, pois estão imobilizados. Nessas condições, suas conversas referem-se às sombras e não aos objetos reais. Eles pensam que a verdadeira realidade é aquela que percebem com seus sentidos.

Sócrates, depois de solicitar a Glauco que imagine essa cena, propõe que imagine esses homens libertos de suas correntes e curados de sua ignorância. Pede que imagine um desses prisioneiros libertado e forçado a se levantar, virar o pescoço e caminhar na direção do fogo. Ele, sem dúvida, ofuscado pela claridade, procuraria retornar às sombras. Em vez de ver os objetos, os homens e os animais verdadeiros, o prisioneiro, acostumado que está a ver as sombras que não lhe provocam nenhum dor nos olhos, só procura ver as aparências, as sombras, as imitações da verdade e da realidade.

Em seguida, esse mesmo prisioneiro é conduzido à entrada da caverna. De lá ele pode ver a luz do sol, o brilho do dia, a intensa claridade que banha todas as coisas. O prisioneiro que agora se encontra fora da caverna não suporta tanta luz e, por isso, procura dirigir seus olhos para as sombras das árvores, dos animais e dos seres vivos que povoam o universo. Procura igualmente pousar seus olhos nos reflexos da água e não na direção dos seres e do próprio sol.

Entretanto, aos poucos, o prisioneiro que aprendeu a contemplar as maravilhas do mundo não aceita mais retornar à caverna. Quando retorna, ainda com os olhos inundados da luz do sol, seus colegas, que não passaram por essa experiência, o ridicularizam e o tornam objeto de riso.

Platão acrescenta outros detalhes significativos à narrativa simbólica, mas o resumo de traços já permite uma interpretação. Aliás, o próprio filósofo serve-se da narrativa para tecer um conjunto de comentários interpretativos. Assim, como pano de fundo da alegoria, observa-se a passagem do mundo sensível para o mundo inteligível. Platão afirma que a subida de dentro da caverna para fora representa a "ascensão da alma em direção ao mundo inteligível" e, na extremidade do mundo inteligível, "encontra-se a idéia de bem, que apenas pode ser contemplada", aliás, como o sol, pois ninguém pode fitá-lo a olho nu sob pena de se cegar. O bem, representado pelo sol, é "a causa de tudo quanto há de verdadeiro e belo no mundo" (*República*, VII, 517 e 518).

As conseqüências desse pensamento platônico para a educação são fundamentais. Estamos diante, portanto, de uma das teorias educacionais mais representativas da história ocidental. A alegoria representa os diferentes níveis de realidade (o mundo dos sentidos, das crenças, da fé perceptiva, da opinião e o mundo inteligível, das essências, das idéias imutáveis e eternas centralizadas na idéia de bem) e as diferentes etapas da educação do filósofo, do homem de ciência, daqueles que, orientados pela sabedoria, podem governar as Cidades-Estados.

Em vista desses pressupostos filosóficos e pedagógicos, Platão afirma que a "educação não é como certas pessoas pensam e acreditam, não consiste em infundi-la na alma a quem não a possui como quem dá visão aos cegos". Para ele, "a faculdade de aprender e o órgão destinado a esse uso residem na alma de cada um". Em outras palavras, a educação não consiste em inculcar um saber exterior na alma, mas fazer com que a alma se volte para o essencial, para a ciência superior, para o bem, e isso implica uma conversão, isto é, em redescobrir ou recordar a ciência que está em nós, conforme a teoria da reminiscência. A educação é a arte desse desejo de bem (519 b, d).

PLATÃO & A EDUCAÇÃO

Para alcançar essa meta, é importante desenvolver a virtude da reflexão, pois, como afirma Platão, "a faculdade de pensar é, ao que parece, de um caráter mais divino, do que tudo o mais" (518 e). E existem condições que precisam ser evitadas, por exemplo, o excesso dos prazeres dos sentidos, tais como o beber e comer imoderadamente. Tais excessos podem produzir uma educação má. O crime e a corrupção provêm de pessoas medíocres e jamais de almas fortes.

Governar Cidades-Estado é tarefa dos filósofos educados para o bem. A educação nesse sentido pode ser de fato a mediação entre a filosofia e a ação política. A lição de Platão prega o contrário do que se pratica no mundo contemporâneo, pois só podem obter o poder "os menos ansiosos de poder" (521 a, b). A Cidade ou a sociedade platônica combina a política com a moralidade, mas desde que seja governada por homens desinteressados, livres de paixões e intrigas políticas. Quem administra os negócios públicos não pode submeter-se aos interesses pessoais e ser movido pela idéia de enriquecimento.

Para atingir essa condição ideal, Platão apresenta uma proposta pedagógica, indica as ciências que devem ser ensinadas ao filósofo ou aos governantes. A aritmética e a geometria são úteis aos filósofos e aos guardiões. A ginástica é necessária para conservar as forças do corpo. A música e a harmonia completam a ginástica. Embora a matemática de Platão não seja a ciência de hoje, ela já é, para os projetos de Platão, um grande estímulo à inteligência e ajuda lógica para esclarecer aquilo que os sentidos não conseguem perceber com claridade. Enfim, o estudo da matemática conduz à idéia de unidade e de totalidade e permite conceber seres eternos e imutáveis como a linha, o círculo, as figuras geométricas. A astronomia permite contemplar o céu visível e o sol e o que está além deles. A harmonia nos leva a distinguir os sons, os acordes e até as harmonias que vão além do ouvido. Todas essas ciências revelam a existência de um mundo inteligível.

Mas, de todas as ciências, a mais importante é a dialética. Enquanto a matemática nos aponta o mundo inteligível a partir de um apoio material, a dialética eleva a alma ao conhecimento intuitivo das essências, a uma visão de conjunto dos princípios, isto é, além das hipóteses matemáticas. A dialética é a ciência do bem, somente ela põe os homens na fronteira do mundo inteligível. Ela não se apóia em nenhum objeto sensível e visível. Seu recurso é o pensamento.

Platão insiste em que o método dialético é o único que procede por meio da destruição das hipóteses, a caminho do autêntico princípio, a fim de tornar seguros os seus resultados (533 d). Ao afirmar isso, a dialética é vista como a verdadeira ciência; o entendimento matemático vem em segundo plano, em terceiro lugar está a crença e as suposições. Os dois primeiros níveis formam o domínio da inteligência (ou da *episteme*) e dos dois últimos, o campo da opinião. Nesse sentido, a dialética situa-se na cúpula das ciências. Não há nenhum saber acima dela (534 a – 535 a).

Nas últimas páginas do livro VII, da *República*, Platão tece alguns comentários que nos fazem refletir ainda hoje. Ele afirma que é preciso, desde criança, estudar as ciências do cálculo, da geometria e todos os demais estudos que precedem a dialética, e isso de tal modo que ninguém siga contrafeito a esse plano de aprendizagem. E, ainda, acrescenta que o homem livre não deve ser escravizado na aprendizagem de nenhuma ciência (536 e).

A formação dos filósofos e dos governantes é progressiva. A escolha dos futuros filósofos exige pessoas que tenham a idade de 50 anos, que tenham formação física e militar, intelectual e conhecimentos de matemática antes da filosofia. Por isso, eles, além de uma natureza nobre e viril, precisam de dotes naturais e adequados à educação. "É necessário agudeza de espírito para os estudos e facilidade para aprender" (535 b). E, igualmente, é preciso memória e gosto pelo trabalho em todas as suas formas, pois a desvalorização da filosofia deve-se àqueles que se ocupam dela,

PLATÃO & A EDUCAÇÃO

não estando à sua altura. "Não deveriam ser os bastardos a tratar dela, mas os filhos legítimos" (535 c).

Finalmente, aponta condições para o estudo da dialética, disposições inatas que mostram que o dotado para o estudo da dialética possui espírito sintético e visão de conjunto (537 c).

Comentários aos diálogos

A fonte mais confiável do pensamento pedagógico que perpassa toda a filosofia de Platão é sua obra. A leitura dos diálogos é indispensável para quem deseja conhecer de perto as origens da educação tradicional. O ideal seria a leitura de toda a obra, mas, devido à extensão dos escritos, é possível recomendar aqueles diálogos que investigam os problemas da educação de modo direto. Por isso, podemos destacar, dentre todos os textos, os seguintes diálogos: *Ménon*, *Protágoras*, *República* e *Leis*. É óbvio que o estudo desses diálogos não é suficiente, mas é, sem dúvida, básico e indispensável.

Para facilitar a leitura dos diálogos, podem ser úteis alguns comentários introdutórios. Apesar de o diálogo, enquanto gênero literário, reproduzir, com criatividade, e através de tramas e de ações dos personagens, diferentes pontos de vista, todo diálogo, submetido à análise, apresenta uma estrutura. Por isso, ocupar-se com o período em que foi escrito, com o contexto histórico, com a estrutura e o desenvolvimento dialético dos argumentos do diálogo é uma condição preliminar de qualquer leitura proveitosa.

Podemos observar nos diálogos, desde que não se percam de vista os processos dialéticos, as contradições, o jogo de opostos que constituem os problemas examinados. Platão critica o conhecimento comum procurando a verdade, as idéias, as essências que superam as contradições. Procede,

COLEÇÃO "PENSADORES & EDUCAÇÃO"

quase sempre, pondo à prova as respostas fornecidas pelos sofistas ou outros interlocutores que representam o pensamento da sociedade ateniense. Examina as conseqüências das hipóteses levantadas e, após dividir e reunir, busca a definição, a essência que resolve as dificuldades, isto é, as aporias. Nos primeiros diálogos, muitas vezes a aporia continua em aberto, em estado de questão. Em síntese, os diálogos realizam um movimento de passagem da opinião para o conhecimento científico, para a intuição da verdade e, nesse processo, o leitor atento desperta o seu desejo de saber.

Essas características gerais, todavia, são completas por outras características específicas, como podemos observar a seguir.

Ménon

O *Ménon* é um diálogo que entra de modo direto na investigação da virtude e desenvolve o tema sob um conjunto de aspectos. Sócrates e Ménon são os dois personagens centrais. Ménon é solicitado a responder imediatamente uma resposta à pergunta: "O que é a virtude?".

O início do diálogo segue o estilo antilógico, isto é, do processo de refutação decorrente do jogo da pergunta e da resposta sustentado pela indagação "O que é?". O *Ménon* pode ser considerado um diálogo elêntico, de *elenchos*, que significa prova, refutação. Na busca de uma definição, Sócrates utiliza e examina diversos exemplos.

Num dos momentos que merecem destaque, Sócrates fala da alma imortal, que se reencarna em sucessivos corpos e que permite justificar o princípio de que o aprender consiste em recordar. Para comprovar isso, Sócrates inicia um diálogo com um escravo (sem nome) de Ménon, o qual nunca estudou geometria, mas que, no entanto, será capaz de resolver o problema geométrico.

A conversa segue aparentemente simples, mas efetivamente rica em conteúdos. A virtude, *arete*, é vista como sabedoria. O ser humano não é bom por natureza, e a virtude não pode ser ensinada (*Ménon*, 89).

O diálogo *Ménon*, como outros diálogos, pode ser lido num primeiro nível, superficial e num nível mais profundo, analítico. Nesse segundo nível, podemos considerar a importância desencadeadora da reflexão presente na pergunta: O que é? E, ainda, o exame das (três) definições, os pressupostos da argumentação (a reminiscência, a existência da alma imortal, das idéias ou formas, a necessidade de superar a opinião para alcançar a ciência, a possibilidade da opinião verdadeira, etc.). O diálogo, aparentemente simples, no decorrer da leitura, torna-se mais complexo.

Dependo do tipo de análise e da interpretação do texto, pode-se distinguir no *Ménon* três ou quatro partes. É da natureza do gênero diálogo dificultar a reconstrução da estrutura do texto. Mas o que importa é o processo metodológico que conduz a reflexão e a sutileza das observações ou dos aspectos considerados que impedem uma exposição fechada da questão. Assim, para saber se a virtude é ensinável, é preciso saber o que é a virtude, mas também é necessário saber se o homem nasce ou não com ela.

Finalmente, a leitura do *Ménon* remete a outros diálogos, em especial ao *Protágoras* (que retorna à questão da anamnese e à questão do ensino da virtude), ao *Teeteto* (que aprofunda a questão da opinião verdadeira).

Protágoras

O que sustenta o diálogo *Protágoras* são duas opiniões contrárias: a virtude pode ser ensinada, e a virtude não pode ser ensinada. É um diálogo das contradições mergulhadas na beleza literária do texto. Protágoras apresenta-se como mestre da virtude e, como tal, deveria aceitar que a virtude é ciência, sabedoria; entretanto, nega que a virtude seja ciência. Sócrates nega a possibilidade de a virtude ser ensinada, mas, ao mesmo tempo, demonstra que a virtude é ciência, sabedoria. Com o desenvolvimento da conversação, Protágoras e Sócrates trocam de posição, criando, portanto, situações paradoxais para o leitor não atento.

Os dois personagens centrais do diálogo são Protágoras e Sócrates. Protágoras de Abdera chegou em Atenas provavelmente pela primeira vez, em 450 ou 444 a. C. Foi autor de duas obras *As antilogias* e *A verdade*, das quais só restam fragmentos. Ele é visto como o defensor do relativismo do conhecimento. É famosa sua afirmação de que o homem é a medida de todas as coisas. Entre os sofistas, sem dúvida, ele é o expoente máximo.

Mas o diálogo *Protágoras* também tem personagens menores, como o jovem Hipócrates, Alcibíades, Crítias, Cálias, Pródico, Hípias e outros, que representam os sofistas e as classes sociais importantes de Atenas. O diálogo entre Protágoras e Sócrates, o verdadeiro educador, diante da sociedade ateniense, reproduz mundos opostos na maneira de conceber a educação.

Há a tendência, entre os estudiosos, de situar o *Protágoras* entre os primeiros escritos de Platão. Alguns poucos comentaristas afirmam que é um diálogo elaborado após os diálogos socráticos e, por isso, o colocam ao lado do *Górgias* e do *Ménon*. Na realidade, não existem indícios para poder situá-lo com objetividade. O que talvez deva ser sublinhado é o fato de esse diálogo ser uma espécie de síntese do pensamento ético de Sócrates apresentada por Platão.

O diálogo começa com um breve prelúdio dramatúrgico, direto, entre Sócrates e um amigo, com o objetivo de justificar a narração do encontro de Sócrates com Protágoras, o mais famoso dos sofistas. Trata-se, portanto, de um diálogo narrado. Em seguida, o diálogo, num prólogo mais longo, introduz e delimita os problemas da investigação.

Com o problema principal do diálogo, surge um conjunto de questões. O que é um sofista? É um esperto do saber? Qual sua natureza? Ele é um comerciante que possui a habilidade de falar, de usar a retórica? Essas questões desembocam num segundo núcleo de problemas, o da educação dos jovens. Nesse sentido, pode-se indagar pela necessidade de um novo tipo de educação e, especialmente, se Sócrates não será o verdadeiro modelo da nova educação.

Embora, tanto Sócrates quanto Protágoras estejam preocupados com a crise moral e política de Atenas da época, eles apresentam programas de educação diferentes.

Um dos pontos relevantes do diálogo é a narração do mito de Prometeu, para introduzir o problema da justiça e da política. Após o mito, é demonstrada a impossibilidade de se ensinar a virtude. O diálogo avança confrontando a racionalidade de Sócrates com a visão psicossocial relativista de Protágoras, para concentrar-se no debate dialético sobre a unidade da virtude.

É importante destacar que Protágoras, como Ménon, não define a virtude, pois ele a fragmenta em espécies: justiça, coragem, piedade, sabedoria, etc. Ele nega a unidade da virtude. Sócrates ensina o contrário. Debatem, como exemplo, a virtude da coragem, e chegam à conclusão, entre outras, que a virtude não é um saber técnico.

Na parte final, Platão, com fina ironia, mas sem perder de vista o fio central da argumentação, introduz a questão do viver bem e do viver mal, do prazer e da dor, do bem e do mal, e a necessidade de possuir critérios para escolher, para decidir, que provêm da ciência, da sabedoria.

O epílogo do diálogo mostra Protágoras e Sócrates em posições inversas às iniciais. Sócrates mostra que a virtude é ciência do bem e que pode ser ensinada. No início, ele apenas negou essa possibilidade por motivos metodológicos. Na realidade, a conclusão é uma aporia que pode ser considerada aparente. Ela só existe para o leitor que não entendeu as sutilezas da argumentação dialética.

República

A *República*, como *Protágoras*, é diálogo narrado por Sócrates a um auditório não identificado. Essa forma de diálogo possui a vantagem de reconstruir o ambiente em seus detalhes e, portanto, aumentar a força expressiva. O encontro da conversa ocorreu na casa de Polemarco, no Pireu. Estão presentes dois irmãos dele, Lísias e Eutidemo, que permanecem mudos e, mais o pai deles todos, Céfalo, que aparece coroado, pois acaba de presidir um sacrifício. É um senhor de idade, justo, experiente, que convida Sócrates a visitá-lo mais e que formula a primeira definição de justiça. Também estão presentes o sofista Trasímaco e seus prováveis discípulos Carmantidas e Clitofonte. Completam o grupo dos presentes Adimanto e Glaucon, irmãos de Platão, e Nicerato.

Observada a origem social dos presentes, nesse verdadeiro seminário, Sócrates e os demais personagens representam as tendências ideológicas da sociedade de Atenas. Alguns deles: Polemarco e Nicérato, como Sócrates, foram condenados a tomar cicuta, condenados pelos Trinta Tiranos. Os irmãos de Platão representam a aristocracia. Trasímaco, os sofistas. Céfalo era meteco. A partir de alguns dados históricos e biográficos desses personagens, é possível distinguir a data do drama narrado por Sócrates e a data real da composição do texto. Tudo indica que a *República* foi elaborada no período da maturidade de Platão, talvez entre a redação do *Fédon* e do *Fedro*. Os especialistas levantam também a hipótese de que o livro I, da *República*, teria sido redigido na juventude, e os demais nove livros, na maturidade.

De fato, o livro I, depois de um breve debate sobre a velhice, propõe-se a definir a virtude da justiça. Nesse sentido, situa-se dentro dos padrões dos demais diálogos da juventude. *Lísis* discute a amizade, *Carmides* a temperança, *Laques* a coragem e *Eutrifon* a piedade. Os que datam a redação do livro I, nesse período, alegam igualmente a diferença de estilo e de vocabulário em relação aos demais livros, possivelmente redigidos em época posterior.

Os livros II, III e IV discutem inicialmente a natureza da justiça e da injustiça conjuntamente com as transformações da Cidade e os programas de educação para, finalmente, mostrar que a Cidade ideal deverá possuir as quatro virtudes: sabedoria própria da classe dos guardiões, coragem dos militares, temperança dos artesãos e justiça de todos. Correspondem a essas virtudes os três elementos da alma dos indivíduos: o apetitivo, o espiritual e o racional. O equilíbrio da Cidade ideal depende da harmonia entre as virtudes da alma e a função de cada classe. O coroamento de tudo reside na justiça possível graças a um projeto de educação exposto nos seguintes livros:

O livro V, continuando a exposição do núcleo temático dos livros anteriores, explica a comunidade de mulheres e filhos.

Os livros VI e VII apresentam os fundamentos éticos e epistemológicos da teoria de Platão sobre a Cidade justa e sobre a formação dos governos e dos cidadãos. A fundamentação gira em torno da idéia de bem, finalidade de vida, condição de conhecimento e razão de ser do mundo. A partir das metáforas do sol e da linha dividida e da alegoria da caverna, Platão expõe as bases metafísicas de seu projeto político e educacional. Os graus do conhecimento da opinião comum (crenças e imagens) e da ciência (entendimento ou raciocínio, *dianoia* e intuição das essências, *noesis*) são demonstrados em relação aos processos dialéticos. O verdadeiro método dialético avança destruindo as hipóteses, a caminho do princípio do bem.

Os livros VIII e IX examinam a legislação e os quatro tipos de governo: timocracia, oligarquia, democracia e tirania em relação ao ideal, à virtude da felicidade. Mostra que o filósofo-rei é o oposto do tirano, e que a justiça traz mais vantagens do que a injustiça.

Finalmente, no livro X, Platão retoma o debate sobre a poesia enquanto meio de educação e de formação dos jovens, para encerrar com o famoso mito de Er que merece, com outros mitos sobre o destino último do homem, como os do *Górgias*, do *Fédon* e do *Fedro*, estudos especiais.

A *República* pode ser vista como uma crítica radical ao sistema educativo grego de sua época. Essa crítica pressupõe a teoria da reminiscência. É a partir dessas bases que Platão mostra seu programa de formação ética e política do cidadão para a existência da Cidade ideal, desde a elementar até a superior, e enumera as disciplinas que compõem o currículo e fornece outros detalhes de caráter pedagógico.

Platão propõe, e debate, pela primeira vez, temas como o das escolas públicas, mantidas pelo Estado e o da educação das mulheres. E, é óbvio, fornece orientação e finalidade para os estudos filosóficos, sem ignorar a função interdisciplinar da filosofia, como articuladora dos demais tipos de investigação.

Leis

O diálogo *Leis* é apontado como o último texto redigido por Platão, publicado postumamente pelo discípulo Felipe de Opunte. Devido a isso, o diálogo expressa o pensamento amadurecido, a experiência e o estágio avançado das reflexões do filósofo. Em conseqüência, comparado com a *República*, é um diálogo mais realista. Em linhas gerais, a educação perfeita dá lugar a uma legislação adequada.

O diálogo *Leis*, inacabado e de todos o mais extenso, divide-se em doze livros. É uma espécie de enciclopédia, pois os assuntos examinados são numerosos. Entre eles, fala da autoridade dos responsáveis pela educação e do currículo das crianças e dos jovens, especialmente no livro VII, e formula uma nova concepção da Cidade-Estado. O estilo é cheio de recomendações e constitui-se de advertências sobre a conduta dos cidadãos. Sugere um conjunto de leis a serem aplicadas e que envolvem diferentes matérias, desde as éticas até as psicológicas, geográficas, artísticas e matemáticas.

O personagem principal chamado Ateniense, representante do pensamento de Platão, segundo a tradição, tem como interlocutores Clínias de Creta e Megilo de Lacedemônia. As leis são ambientadas na ilha de Creta. Os personagens discutem o governo e as leis, à medida que caminham na estrada de Cnossos à caverna e ao templo de Zeus. Sendo, nessa caminhada, a temperatura alta, esperam encontrar locais de descanso com sombras sob as árvores, pois isso convém à idade deles.

A escolha de Creta justifica-se pela fama da Constituição daquela Cidade-Estado, no século IV a.C., entre os gregos. Platão pretende regulamentar a educação das crianças nos seis

PLATÃO & A EDUCAÇÃO

primeiros anos e dos maiores de seis anos. Dá importância às atividades lúdicas. Sugere normas sobre dança e melodias, sobre a maneira de honrar os mortos, sobre o funcionamento dos ginásios e das escolas, sobre o estudo das letras, sobre a produção dos poetas e sobre a leitura, a ginástica, as danças de guerra e de paz, a apresentação de comédias, tragédias e, ainda, sobre a censura.

No *Protágoras* e na *República*, encontram-se detalhes do projeto educacional de Platão, mas é, especialmente nas *Leis*, que esse detalhamento ganha contornos nítidos, esboço de programação. Diante disso, cabe novamente distinguir: primeiro, as reflexões de nível filosófico-pedagógico, que têm a função de justificar o projeto educacional e, segundo, as normas e os comentários de caráter prático e direto sobre a prática escolar da educação.

Textos de Platão selecionados

Sobre a escola antiga:
Protágoras, 325 d, e; 326 a, b, c, d, e.

XV – Começando do pouquinho desde pequeno, enquanto vive é a criança instruída e educada nesse sentido. Desde que ela compreende o que se lhe diz, a mãe, a ama, o preceptor e o próprio pai conjugam esforços para que o menino se desenvolva da melhor maneira possível; toda palavra e todo ato lhes enseja oportunidade para ensinar-lhe o que é justo ou o que é injusto, o que é honesto e o que é vergonhoso, o que é santo e o que é ímpio, o que pode ou o que não pode ser feito. Se ele obedece, muito bem; caso contrário, como fazemos com as árvores inclinadas e contorcidas, são endireitados por meio de ameaças e de processos violentos. Depois, o enviam para a escola e recomendam aos professores que cuidem com o máximo rigor dos costumes do menino mais do que do aprendizado das letras e da cítara. É o que os professores fazem; e quando o aluno aprende a ler e começa a compreender o que está escrito, tal como faziam antes com sons, dão-lhe em seu banquinho a ler as obras de bons poetas, que eles são obrigados a decorar, prenhes de preceitos morais, com muitas narrações em louvor e glória dos homens ilustres do passado, para que o menino venha a imitá-los por emulação e se esforce por parecer-se com eles. Do mesmo modo procedem os professores de cítara; envidam esforços para deixar temperantes os meninos e desviá-los da prática e das ações más. Depois de haverem aprendido a tocar cítara, fazem-nos estudar as criações de outros grandes poetas, os líricos, a que dão acompanhamento de lira, trabalhando, desse modo, para que a alma dos meninos se aproprie dos ritmos e da harmonia, a fim de que fiquem mais brandos e, porque mais ritmados e harmônicos, se tornem igualmente aptos tanto para a palavra como para a ação. Pois em todo o seu decurso, a vida do homem necessita de cadência e harmonia. De seguida, entregam-nos os pais ao professor de ginástica, para que fiquem com o corpo em melhores condições de servir o espírito virtuoso, sem virem a ser forçados, por fraqueza de constituição, a revelar covardia, tanto na guerra como em situações consemelhantes. Assim procedem os que mais podem, e podem mais os ricos, cujos filhos começam muito cedo a freqüentar a escola e são os últimos a deixá-la. Quando saem da escola, a cidade, por sua vez, os obriga a aprender leis e a tomá-las como paradigma de conduta, para que não se deixem levar pela fantasia a praticar qualquer malfeitoria. Da mesma forma que procede o professor primário com os alunos que ainda não sabem escrever, traçando com seu estilete as letras e depois pondo-lhes nas mãos a tábula, e os obriga a escrever de acordo com o modelo apresentado, assim também prescreve leis a cidade, inventadas por antigos e virtuosos legisladores, exigindo que governem e sejam governados por elas. Quem delas se aparta é castigado, castigo esse que, tanto entre vós como em muitos outros lugares, se denomina correção, por ser a finalidade precípua do castigo corrigir. Ora, havendo tanto cuidado com a virtude, assim particularmente como em público, ainda te admiras, Sócrates, ou duvidas de que ela possa ser ensinada? O que fora de admirar é que não pudesse sê-lo (Platão. *Protágoras, Górgias, Fedão*. Trad. de Carlos Alberto Nunes. Belém: Eduffa, 2002).

Sobre a maiêutica: *Teeteto* 150 c, d, e; 151 a, b, c, d

VII – Sócrates – A minha arte obstétrica tem atribuições iguais às das parteiras, com a diferença de eu não partejar mulher, porém homens, e de acompanhar as almas, não os corpos, em seu trabalho de parto. Porém a grande superioridade da minha arte consiste na faculdade de conhecer de pronto se o que a alma dos jovens está na iminência de conceber é alguma quimera e falsidade ou fruto legítimo e verdadeiro. Neste particular, sou igualzinho às parteiras: estéril em matéria de sabedoria, tendo grande fundo de verdade a censura que muitos me assacam, de só interrogar os outros, sem nunca apresentar opinião pessoal sobre nenhum assunto, por carecer, justamente, de sabedoria. E a razão é a seguinte: a divindade me incita a partejar os outros, porém me impede de conceber. Por isso mesmo, não sou sábio, não havendo um só pensamento que eu possa apresentar como tendo sido invenção de minha alma e por ela dado à luz. Porém os que tratam comigo, suposto que alguns, no começo pareçam de todo ignorantes, com a continuação de nossa convivência, quantos a divindade favorece progridem admiravelmente, tanto no seu próprio julgamento, como no de estranhos. O que é fora de dúvida é que nunca aprenderam nada comigo; neles mesmos é que descobrem as coisas belas que põem no mundo, servindo, nisso tudo, eu e a divindade como parteira. E a prova é o seguinte: muitos desconhecedores desse fato e que tudo atribuem a si próprios, ou por me desprezarem ou por injunções de terceiros, afastam-se de mim cedo demais. O resultado é alguns expelirem antes do tempo, em virtude das más companhias, os germes por mim semeados, e estragarem outros, por falta de alimentação adequada, os que eu ajudara a pôr no mundo, por darem mais importância aos produtos falsos e enganosos do que aos verdadeiros, com o que acabam por parecerem ignorantes aos seus próprios olhos e aos de estranhos. Foi o que aconteceu com Aristides, filho de Lisímaco, e a outros mais. Quando voltam a implorar instantaneamente minha companhia, com demonstrações de arrependimento, nalguns casos com meu demônio familiar me proíbe reatar relações; noutros o permite, voltando estes, então, a progredir como antes. Neste ponto, os que convivem comigo, se parecem com as parturientes: sofrem dores lancinantes e andam dia e noite desorientados, num trabalho, muito mais penoso do que o delas. Essas dores é que minha arte sabe despertar ou acalmar. É o que se dá com todos. Todavia, Teeteto, os que não me parecem fecundos, quando eu chego à conclusão de que não necessitam de mim, com a maior boa vontade assumo o papel de casamenteiro e, graças a Deus, sempre os tenho aproximado de quem lhes possa ser de mais utilidade. Muitos desses já encaminhei para Pródico, e outros mais para varões sábios e inspirados. Se te expus tudo isso, meu caro Teeteto, com tantas minúcias, foi por suspeitar que algo em tua alma está no ponto de vir à luz, como tu mesmo desconfias: entrega-te, pois, a mim, como a filho de uma parteira que também é parteiro, e quando eu te formular alguma questão, procura responder a ela do melhor modo possível. E se no exame de alguma coisa que disseres, depois de eu verificar que não se trata de um produto legítimo mas de algum fantasma sem consistência, que logo arrancarei e jogarei fora, não te aborreças como o fazem as mulheres com seu primeiro filho. Alguns, meu caro, a tal extremo se zangaram comigo, que chegaram a morderme por os haver livrado de um que outro pensamento extravagante. Não compreendiam que eu só fazia aquilo por bondade. Estão longe de admitir que de jeito nenhum os deuses podem querer mal aos homens e que eu, do meu lado, nado faço por malquerença, pois não me é permitido em absoluto pactuar com a mentira nem ocultar a verdade. (Platão. *Teeteto, Crátilo*. Trad. de Carlos Alberto Nunes. Belém: Universidade Federal do Pará, 1988)

Sobre reminiscência: *Ménon* 81 b, c, d, e

Os que dizem a verdade e o belo pertencem, por um lado, ao grupo dos sacerdotes e das sacerdotisas, a quem é cometido o cuidado de se dedicarem a prestar contas daquilo de que estão encarregados. Por outro lado, dão também argumentos, Píndaro e muitos outros poetas, divinos como são. E o que dizem é isto. Vê bem se, em tua opinião, dizem a verdade:

PLATÃO & A EDUCAÇÃO

Afirmam, com efeito, que a alma do homem é imortal e que tão depressa chega ao seu fim, - aquilo a que chamam "morrer" -, como renasce, mas que jamais é destruída. Afirmam ainda que, por môr disto, é preciso viver a vida o mais piedosamente possível:

> Porque, àqueles a quem, porventura, Perséfona aceitar a expiação de antigo sofrimento purificador, ela restitui, de novo, sua alma, ao nono ano, ao sol das alturas. E, dentre estas almas, levantam-se reis ilustres, vigorosos na força e varões mui grandes na sabedoria. E, para o tempo restante, são invocados como heróis sem mancha, diante dos homens.

Ora, visto que a alma é imortal e muitas vezes renascida e visto que já contemplou todas as coisas que há, aqui, na Terra, e lá na morada de Plutão, não há nada que não tenha já aprendido. De maneira que não é de admirar, não só acerca da virtude, como também acerca de outras realidades, que lhes seja possível recordarem-se daquelas coisas que já anteriormente soube.

E como a alma é congênita com toda a natureza e aprendeu já tudo, nada impede que, tendo sido recordada uma só coisa (aquilo a que as pessoas chamam "aprender"), o próprio homem reencontre todas as outras, se for corajoso e não desistir de investigar. Por isso, o investigar e o aprender são exclusivamente reminiscência.

Por conseguinte, é preciso não nos deixarmos persuadir por esse raciocínio erístico. Ele tornar-nos-ia preguiçosos e só seria agradável de ouvir a homens sem espinha dorsal. Este (o meu raciocínio) torna as pessoas trabalhadoras e agarradas ao estudo. Por esse motivo eu, confiando na verdade, quero juntamente contigo, ir investigar o que é a virtude. (Platão. *Ménon.* Trad. de Ernesto Rodrigues Gomes. Lisboa: Edições Colibri, 1992).

Sobre a virtude, *arete: República* 441 c, d.; 443 a, b, c, e

– Ora pois atravessávamos a nado, com grande custo, este mar de dificuldades, e concordamos perfeitamente que há na cidade e na alma de cada indivíduo as mesmas partes, e em número igual.

– É isso.

– Logo, não será desde já necessário que o indivíduo, seja sábio naquilo mesmo que o é a cidade?

– Sem dúvida.

– E que naquilo em que o indivíduo é corajoso, e da mesma maneira, assim o seja também a cidade, e que em tudo o mais que à virtude respeita, ambos se comportem do mesmo modo?

– É forçoso.

– Logo, segundo julgo, ó Glaucon, diremos que o homem justo é o da mesma maneira que a cidade é justa.

– Também isso é forçoso.

– Mas decerto não esquecemos que a cidade era justa pelo fato de cada um executar nela a sua tarefa específica, em cada uma das suas três classes.

– Não me parece que o tenhamos esquecido.

– Por conseguinte, devemos recordar-nos que também cada um de nós, no qual cada uma das suas partes desempenha a sua tarefa, será justo e executará o que lhe cumpre.

– Devemos recordar-nos, sim.

– Portanto, não compete à razão governar, uma vez que é sábia e tem o encargo de velar pela alma toda, e não compete à cólera ser sua súbdita e aliada?

– Absolutamente.

– Ora não é, como dissemos, uma mistura de música e de ginástica que harmonizará essas partes, uma, fortalecendo-a e alimentando-a com belos discursos e ciência, outra, abrandando-a com boas palavras, domesticando-a pela harmonia e pelo ritmo?

– Exatamente – respondeu ele.

– E estas duas partes, assim criadas, instruídas e educadas de verdade no que lhes respeita, dominarão o elemento concupiscível (que, em cada pessoa, constitui a maior parte da alma e é, por natureza, a mais insaciável de riquezas) e hão-de vigiá-lo, com receio que ele, enchendo-se dos chamados prazeres físicos, se torne grande e forte, e não execute a sua tarefa, mas tente escravizar e dominar uma parte que não compete à sua classe e subverta toda a vida do conjunto.

– Absolutamente.

– Porventura – prossegui eu – não guardarão elas melhor toda a alma e o corpo, mesmo dos inimigos externos, sendo uma dessas partes a deliberar e outra a combater, obedecendo ao comando, e executando com coragem as ordens?

– Guardarão, sim.

– Ora nós denominamos um indivíduo de corajoso, julgo eu, e, atenção à parte irascível, quando essa parte preserva, em meio de penas e prazeres, as instruções fornecidas pela razão sobre o que é temível ou não.

– Muito bem.

– E denominamo-lo de sábio, em atenção àquela pequena parte pela qual governa o seu interior e fornece essas instruções, parte essa que possui, por sua vez, a ciência do que convém a cada um e a todos em conjunto, dos três elementos da alma.

– Exatamente.

– E agora? Não lhe chamamos temperante, devido à amizade e harmonia desses elementos, quando o governante e os dois governados concordam em que é a razão que deve governar e não se revoltam contra ela?

– Efetivamente, a temperança não é outra coisa senão isso, quer na cidade, quer no indivíduo.

– Ora este será justo, em virtude da nossa máxima, tantas vezes repetida, e dessa maneira.

– Absolutamente forçoso.

– Pois quê? – exclamei eu – Estará a justiça de algum modo a esfumar-se? Estará a parecer-nos algo de diferente do que se nos apresentava na cidade?

– Eu, por mim, acho que não.

– Se alguma dúvida subsiste ainda na nossa alma, poderíamos firmá-la perfeitamente, confrontando-a com as noções do vulgo. (Platão, *A República*. Trad. de Maria Helena da Rocha Pereira. Lisboa: Fundação Calouste Gulbenkian, 1990).

Sobre retórica, crer e saber:
Górgias 453 e; 454 a, b, c, d, e; 455 a

Sócrates. Pois bem, dize-me, sobre a oratória: só ela, a teu ver, produz a persuasão, ou também outras artes? Minha idéia é mais ou menos esta: quem ensina qualquer coisa, persuade aquilo que ensina, ou não?

Górgias. Por sem dúvida, Sócrates; persuade com toda certeza.

Sóscrates. Voltemos àquelas artes de que estávamos tratando. A aritmética e bem assim o aritmético não nos ensinam as propriedades do número?

Górgias. Perfeitamente.

Sócrates. Portanto, persuadem-nos?

Górgias. Sim.

Sócrates. Logo, também a aritmética é produtora de persuasão?

Górgias. Parece.

Sócrates. Por conseguinte, se alguém nos perguntar de que persuasão e a respeito do quê, responderemos, suponho: "Da persuasão didática a respeito do valor do par e do ímpar." Todas as demais artes há pouco mencionadas poderemos demonstrar serem produtoras de persuasão, bem assim de que persuasão e a respeito do quê. Ou não?

Górgias. Poderemos.

Sócrates. Logo, a oratória não é a única produtora de persuasão.

Górgias. Dizes a verdade.

Sócrates. Ora, visto como outras artes, além dela, operam esse produto, eu teria razão de, como no exemplo do pintor, perguntar ao interlocutor, em seguida: "A oratória é a arte de que espécie de persuasão? Tal persuasão versa sobre o quê?" Ou achas descabida a nova pergunta?

Górgias. Não acho.

Sócrates. Se pensas assim, Górgias, responde a ela.

Górgias. Eu me refiro, Sócrates, à persuasão exercida nos tribunais e demais agrupamentos, segundo dizia há pouco; ela versa sobre o justo e o injusto.

Sócrates. Sabes Górgias? Eu imaginava que te referias a essa persuasão e a tais assuntos, mas, quando um ponto me parece já bastante claro e eu volto a perguntar, minha insistência não deve causar-te espécie; não é, repito, por visar a tua pessoa; é para dar continuidade à discussão, sem nos acostumarmos a antecipar o pensamento um do outro com pressuposições, podendo tu desenvolver o teu ponto de vista, como te aprouver, dentro de tua teoria.

Górgias. Fazes muito bem, a meu ver, Sócrates.

Sócrates. Pois bem, examinemos este ponto. Existe alguma coisa a que chama *saber*?

Górgias. Sim.

Sócrates. Bem, e *Crer*?

Górgias. Também.

Sócrates. Na tua opinião, *saber e crer*, ciência e crença, são a mesma coisa ou diferem?

Górgias. Afigura-se-me, Sócrates, que diferem.

Sócrates. E estás certo. Podes verificá-lo pelo seguinte: se alguém te perguntasse: "Existe, Górgias, uma crença falsa e uma verdadeira?", tu responderias que sim, penso eu.

Górgias. Realmente.

Sócrates. E daí? Existe uma ciência falsa e uma verdadeira?

Górgias. De maneira alguma.

Sócrates. Portanto, é evidente não serem a mesma coisa.

Górgias. Dizes a verdade.

Sócrates. Não obstante, tanto está persuadido quem e sabe como quem crê.

Górgias. Assim é.

Sócrates. Devemos, a teu ver, distinguir duas sortes de persuasão, das quais uma infunde a crença sem o *saber* e outra, a ciência?

Górgias. Perfeitamente.

Sócrates. Então, qual das duas persuasões cria a oratória, nos tribunais e demais ajuntamentos, a respeito do justo ou injusto? Aquela donde se origina o crer sem o saber, ou aquela donde provém a ciência?

Górgias. Não há dúvida nenhuma, Sócrates; é aquela donde nasce a crença.

Sócrates. Conclui-se, aparentemente, que a oratória é produtora duma crença e não de ensino sobre o justo e o injusto.

Górgias. Sim.

Sócrates. O orador, por conseguinte, não ensina aos tribunais e demais ajuntamentos o que é justo e o que é injusto; limita-se a persuadi-los. É claro; a tão numeroso ajuntamento ele não poderia ensinar em pouco tempo assuntos de tal magnitude (Platão. *Górgias*. Trad. de Jaime Bruna. Rio de Janeiro: Editora Bertrand do Brasil, 1989).

TERMINOLOGIA

ARETE: O conceito de *arete* tem uma longa história e um rico significado semântico na cultura grega. O termo pode ser traduzido por virtude, excelência ou qualidade. Os diálogos socráticos de Platão procuram definir as várias virtudes. Sócrates identifica a virtude com a ciência. Afirmam alguns comentaristas que a hipostasiação das definições de virtude (sabedoria, coragem, piedade, justiça, etc.) é um possível caminho que leva à teoria platônica das idéias. Para os que desejam se aprofundar nos estudos das obras dos gregos antigos, é necessário considerar as diferenças entre a *arete* platônica (cfe. *Ménon, República*) e aristotélica (cfe. *Ética a Nicômacos*). Para Aristóteles, a virtude é um meio, e ele distingue entre virtudes morais e intelectuais.

ANTILOGIA: É o recurso discursivo que sustenta ao mesmo tempo as teses opostas com o objetivo de combater qualquer posição do adversário. O método antilógico é próprio da sofística. (*Sofista*, 232 b).

ANTINOMIA: é uma situação de impasse, de contradição aparente entre proposições demonstradas ou de contradição real entre proposições demonstradas só aparentemente. Em Kant, na *Crítica da razão pura*, o termo adquire um sentido preciso.

APORIA: Consiste numa dificuldade de raciocínio, de argumentação, na ausência de uma saída. Essa dificuldade pode ser real ou aparente. Os diálogos aporéticos de Platão são os que permanecem sem conclusão.

BEM: Para Platão, o bem é a idéia suprema, a que está acima das demais idéias ou formas. Ela permite entender os princípios da unidade e da multiplicidade. O objetivo da dialética ascendente é o de intuir as essências e a idéia de bem.

COLEÇÃO "PENSADORES & EDUCAÇÃO"

DIARESIS (divisão): É um dos processos dialéticos empregados por Platão em seus diálogos e que consiste no processo de divisão frente ao processo de reunião ou unificação. Adota-se a divisão em dois ou no modo mais próximo ao dois para definir e classificar. Serve para definir termos como político, sofista, filósofo e para mostrar a complexidade e a estrutura de uma idéia.

DIALÉTICA: O método dialético em Platão assume diversas formas. É mais adequado falar em processos dialéticos. A dialética como idéia geral considera a realidade um jogo de contrários e, ao examinar as partes, nunca perde de vista a totalidade. Ela é, ao mesmo tempo, técnica e ciência. Ela emprega diversos recursos. O emprego do processo diairético, por exemplo, não significa o abandono dos recursos refutativos. Em geral, predominam, no processo dialético platônico, os movimentos de sinóticos e diairéticos. No primeiro, a multiplicidade de aspectos ou coisas é reposta numa única idéia e, no segundo, procede-se à divisão da idéia para determinar o quanto ainda é necessário para alcançar a idéia em si. A dialética é o verdadeiro caminho para chegar à idéia de bem, à verdade.

DIÁLOGO: O diálogo é uma invenção grega e significa tanto o processo de conversação praticado pelos interlocutores, por meio de perguntas e respostas, etc. quanto pode designar um gênero científico-literário de obras escritas por Platão e por outros autores no decorrer da história.

DOXA: Traduz-se *doxa*, em geral, por opinião. E uma modalidade de conhecimento considerado inferior ou falso na perspectiva de Platão, pelo fato de ter suas bases nos sentidos, na experiência, que parte de imagens e da imaginação ou simplesmente da fé perceptiva. Toda a filosofia platônica é uma luta que tem como objetivo superar a opinião e alcançar a ciência, a *episteme*.

EPISTEME: Traduz-se, em geral, por conhecimento ou ciência. Em Platão, a *episteme* indica o mundo das idéias ou das formas imutáveis, eternas, objetivas, etc. Platão, em diversos diálogos, mostra a necessidade de ultrapassar a *doxa* para alcançar a *episteme*. Na *República,* as metáforas da linha e da caverna ilustram as diferenças entre a *doxa* e a *episteme*. A mesma distinção aparece no *Timeu*. Aristóteles apresenta outros significados para o uso do termo.

EROS (amor, desejo): *Eros* significa o amor ou desejo dirigido para o belo e envolve, em Platão, enquanto amor erótico, a noção de falta ou de necessidade. A questão do *Eros* é investigada positivamente no *Banquete* e como uma força negativa na *República,* livros

PLATÃO & A EDUCAÇÃO

VIII e IX. *Eros* apresentado no mito é um grande *daimon*, força entre o divino e o humano, intermediário entre a ignorância e a sabedoria. Platão investiga a amizade, *philia*, no diálogo *Lisis*.

IDÉIA (forma): A teoria das idéias ou das formas é um ponto central da filosofia de Platão. A idéia é entidade inteligível, objetiva, imutável, eterna. Platão, no diálogo *Parmênides*, faz objeções à teoria das idéias. Alguns comentaristas afirmam que Platão teria abandonado essa teoria nos últimos anos de vida, mas essa possibilidade é ainda muito questionada pelos estudiosos.

IRONIA: É um processo metodológico socrático que tem por objetivo conduzir o interlocutor a se contradizer. É uma maneira de destruir o saber falso e permitir o reconhecimento da própria ignorância como condição prévia para chegar à verdade.

JUSTIÇA: É a virtude ética ideal da Cidade-Estado efetivada quando há harmonia e equilíbrio entre as partes da alma e as classes da Cidade. É a virtude que necessita da educação moral dos cidadãos.

LOGOS: *Logos* é um termo-chave para a filosofia grega. Platão o usa de vários modos. É um termo de difícil tradução e interpretação. Pode-se traduzir *logos* por discurso, racionalidade, teoria, linguagem, palavra, definição, razão, relato. O dialético é aquele que faz um relato (*logos*) do verdadeiro ser, das essências. Às vezes designa o que a pessoa diz, seu propósito ou conteúdo, outras vezes simplesmente uma fração racional (x, y=a), um enunciado, um acorde musical. O sentido de *logos* depende do contexto da escrita. O *logos* pode ser sinônimo de discurso correto, verdadeiro.

MAIÊUTICA: A maiêutica (arte de fazer o parto) é um processo socrático de caráter pedagógico, o qual, mediante perguntas e respostas, pretende dar luz à verdade. Sócrates chama o processo de maiêutica, em homenagem a sua mãe, que era parteira e dava à luz os corpos. O papel do filósofo não é transmitir um saber pronto e acabado, mas despertar no interlocutor suas idéias, seu conhecimento. Sócrates, com o primeiro conjunto de indagações, deseja, utilizando-se da ironia, conduzir o interlocutor a reconhecer que não sabe, ou, a duvidar das próprias crenças e, o segundo conjunto de perguntas, cria a possibilidade de encontrar a verdade dentro de si. O lema socrático é o seguinte: "Só sei que nada sei." Em outros termos, para Sócrates, o reconhecimento da ignorância é o princípio da sabedoria.

COLEÇÃO "PENSADORES & EDUCAÇÃO"

METEMPSICOSE: É a teoria que afirma a imortalidade da alma e suas sucessivas reencarnações. A alma reencarnada num corpo poderá recordar o que outra no mundo do superurânio contemplou antes de cair no mundo sensível. É o suposto da reminiscência.

NOESIS: É o último estágio nos graus do conhecimento. É a faculdade de intuição intelectual das essências, do bem. É o grau supremo do saber próprio dos filósofos.

OLIGARQUIA: É um governo fundado no dinheiro e na avareza que se serve da Cidade-Estado para seus fins pessoais. Na oligarquia, ricos e pobres conspiram uns contra os outros.

OPINIÃO VERDADEIRA: O conceito platônico de opinião verdadeira situa-se entre a *doxa* ou opinião e a *episteme*. A opinião é verdadeira quando é correta e corresponde ao estado das coisas. Essa correspondência da opinião aos fatos é externa, não depende da estrutura epistêmica mesma da opinião. A diferença entre a ciência e a opinião verdadeira, segundo Platão, está no seguinte: quem possui a ciência sempre alcançará sua meta, quem possui opinião correta poderá algumas vezes alcançá-la e outras vezes não.

PAIDÉIA: Para W. Jaeger nenhuma das seguintes palavras coincide com o significado do termo *paidéia*: civilização, cultura, tradição, literatura, educação. Cada um desses termos expressa apenas um aspecto do conceito de *paidéia*. Na realidade, *paidéia* significa a formação do homem grego. Somente o homem conserva e desenvolve sua forma de existência social e espiritual de modo criativo, consciente e racional.

POLIS (**Cidade-Estado**): É sinônimo de Cidade ou de Estado ou, ainda, de Cidade-Estado. Para Platão, a *polis* é uma grande família. Para Aristóteles, a *polis* tem uma organização autônoma em relação à estrutura familiar.

TECHNE, TECHNAI: Os latinos traduziram *techne* por *ars*, arte. Platão emprega esse termo em diversos sentidos. Ele não desenvolve uma teoria da *techne*. O termo não significa apenas técnica, habilidade. Indica uma habilidade acompanhada de conhecimentos, é uma competência profissional e não meramente instintiva. O desenvolvimento das divisões do método dialético implica domínio técnico dessas habilidades. A *techne* para Aristóteles é uma característica, um modo de saber mais dirigido à produção do que à ação.

CRONOLOGIA DE PLATÃO

530 – Pitágoras de Samos funda uma comunidade místico-religiosa em Crotona.

500 – Heráclito de Éfeso divulga seu pensamento na Ásia Menor.

481 – Esparta e as cidades gregas unidas combatem os persas.

480 – Os persas derrotam os gregos nas Termópilas e destroem a acrópole. Os gregos vencem em Salamina.

479 – Os gregos vencem os persas nas batalhas de Platéia e Micale.

462 – Anaxágoras chega a Atenas.

462/461 – Péricles e Efialtes promovem a democracia em Atenas.

460 – Nascimento de Hipócrates.

456 – É concluída a construção do templo de Zeus em Olímpia.

447 – Início da construção do Partenon.

444 – Protágoras apresenta uma legislação para a colônia de Túrio.

431 – Início da Guerra do Peloponeso entre Atenas e Esparta.

429 – Morte de Péricles.

427 - Nascimento de Platão em Atenas.

424 – O historiador Tucídedes é nomeado general de Atenas.

421 – É celebrada a paz entre Atenas e Esparta.

419 – Atenas reinicia a guerra contra Esparta.

418 – Os espartanos vencem os atenienses na batalha de Mantinéia.

411 - Alcibíades e a oligarquia tomam o poder em Atenas. Expulsão de Atenas e morte de Protágoras. Antifonte é executado.

408 - Platão encontra-se com Sócrates. Antes freqüentava Crátilo e dedicava-se à atividade poética.

406 – Morte de Eurípides e Sófocles.

404 - Fim da Guerra do Peloponeso. Atenas capitula diante de Esparta. Os Trinta Tiranos assumem o governo em Atenas.

403 – Retorno da democracia em Atenas e queda dos Trinta Tiranos. Morte de Crítias numa batalha.

401 – Reprsentação póstuma da peça, *Édipo em Colono*, de Sófocles.

399 - Sócrates é condenado a tomar cicuta pelos representantes da democracia. Platão viaja a Megara.

390 – Isócrates funda sua escola.

388 – Primeira viagem de Platão à Sicília e a Tarento.

387 _ (?) Platão retorna a Atenas e, com 40 anos de idade, adquire um ginásio e um parque dedicado ao herói Academos e, em sua homenagem, funda a Academia.

384 – Nascimento de Aristóteles, em Estagira, e de Demóstenes.

377 – Platão completa 50 anos de idade.

367 – Aristóteles entra na Academia.

367 – Segunda viagem à Sicília. Platão completa 60 anos de idade.

365 – Platão deixa Siracusa e retorna a Atenas.

361 – Terceira viagem à Sicília. Platão tem 66 ou 57 anos de idade.

360 – Platão retorna novamente a Atenas.

357 – Platão completa 70 anos de idade.

351 – Demóstenes adverte os atenienses sobre o perigo representado por Felipe da Macedônia.

347 – Morte de Platão, com 80 anos de idade.

346 – Spêusipo assume a direção da Academia, e Aristóteles a abandona.

338 – Felipe da Macedônia derrota os atenienses e seus aliados em Queronéia.

335 – Aristóteles funda sua escola, o Liceu, em Atenas.

Referências

a) Obras de Platão

PLATÃO. *Diálogos*: Protágoras, Górgias, Fedão. Trad. de Carlos Alberto Nunes. Belém: Eduffa, 2002.

PLATÃO. *Diálogos*: Banquete, Fédon, Sofista, Político. Trad. de José Cavalcante, Jorge Paleikat e João Costa. São Paulo: Abril, 1972.

PLATÃO. *Diálogos*: Teeteto, Crátilo. Trad. de Carlos Alberto Nunes. Belém: Eduffa, 1988.

PLATÃO. *Parmênides*. Trad. de Maura Iglésias e Fernando Rodrigues. Rio de Janeiro: PUCRJ, Loyola, 2003.

PLATÃO. *Ménon*. Trad. e notas de Ernesto Rodrigues Gomes. Lisboa: Colibri, 1992.

PLATÃO. *República*. Trad. e notas de Maria Helena da Rocha Pereira. Lisboa: Fundação Calouste Gulbenkian, 1990.

PLATÃO. *Górgias*. Trad. de Jaime Bruna. Rio de Janeiro: Bertrand Brasil, 1989.

PLATÃO. *As leis, Epinomis*. Trad. de Edson Bini. Bauru, SP: Edipro, 1999.

PLATON. *Oeuvres complètes*. Paris: Belles Lettres, 1924 a 1960, 25 v.

PLATÓN. *Las leyes*. Trad. de José Manuel Ramos Bolamos. Madrid: Akal, 1988.

PLATONE. *Tutti gli scritti*. Org. de Giovanni Reale. Milano: Rusconi, 1991.

a) Obras sobre Platão

AGOSTINHO. *De magistro*. Porto Alegre: Instituto de Filosofia da UFRGS, 1956.

BRISSON, L. *Leituras de Platão*. Porto Alegre: Edipucrs, 2003.

GOLDSCHMIDT, V. *Os diálogos de Platão*: estrutura e método dialético. São Paulo: Loyola, 2002.

GUTHRIE, W. K. C. *Os sofistas*. São Paulo: Paulus, 1995.

JASPERS, K. Platon, in *Les grands philosophes*. Paris: Plon, 1963.

JEANNIÈRE, A. *Platão*. Rio de Janeiro: Jorge Zahar, 1995.

KOYRÉ, A. *Introdução à leitura de Platão*. Lisboa: Presença, 1963.

MARI, E. E. *El banquete de Platón*. Buenos Aires: Biblos, 2001.

MARROU. *Historie de l' education dans l'Antiquité*. Paris: Seuil, 1955.

PARENTE, M. I. *L'eredità di Platone nell'Accademia antica*. Milão: Guerini e Associati, 1989.

PAVIANI, J. *Filosofia e método em Platão*. Porto Alegre: Edipucrs, 2001.

PAVIANI, J. *Platão e a República*. Rio de Janeiro: Jorge Zahar, 2004.

REALE, G. *Para uma nova interpretação de Platão*. Trad. de Marcelo Perine. São Paulo: Loyola, 1997.

ROGUE, C. *Compreender Platão*. Petrópolis: Vozes, 2005.

SCOLNICOV, S. *Platão e o problema educacional*. São Paulo: Loyola, 2006.

TRABATTONI, F. *Oralidade e escrita em Platão*. São Paulo/Ilhéus: Discurso Editorial, 2003.

QUALQUER LIVRO DO NOSSO CATÁLOGO NÃO ENCONTRADO NAS
LIVRARIAS PODE SER PEDIDO POR CARTA, FAX, TELEFONE OU PELA INTERNET.

Rua Aimorés, 981, 8º andar – Funcionários
Belo Horizonte-MG – CEP 30140-071

Tel: (31) 3222 6819
Fax: (31) 3224 6087
Televendas (gratuito): 0800 2831322

vendas@autenticaeditora.com.br
www.autenticaeditora.com.br

ESTE LIVRO FOI COMPOSTO COM TIPOGRAFIA MINION REGULAR, E IMPRESSO
EM PAPEL OFF SET 75 G. NA FORMATO ARTES GRÁFICAS.
BELO HORIZONTE, ABRIL DE 2008.